Rolf Friedrich Schuett

Auf Knien kommt man weiter als auf Stelzen

Wer mich liebt, der flieht mich

Rolf Friedrich Schuett

Auf Knien kommt man weiter als auf Stelzen

Wer mich liebt, der flieht mich

Books on Demand

Bibliographische Information Der Deutschen Bibliothek:
Die Deutsche Bibliothek verzeichnet diese Publikation
in der Deutschen Nationalbibliographie; detaillierte
bibliographische Daten sind im Internet abrufbar über
http:// dnb.ddb.de

Herstellung und Verlag :
BoD – Books on Demand, Norderstedt

Gedruckt auf alterungsbeständigem Papier
(holz- und säurefrei)

Umschlaggestaltung : E. L. Schmidt

Printed in Germany

ISBN 978-3-7519-3339-1

INHALT

Für Elke in Dankbarkeit

Der Beginn einer wunderbaren Freundschaft?

Seit der Kindheit haben die meisten von uns unzäh-
lige suggestive Bilder und markante Sprüche aus
mehr oder weniger berühmt gewordenen Spielfil-
men in unseren Köpfen - und meist darunter. Wir
werden sie nie mehr ganz los, sie unterfüttern alles,
und das führt lebenslang eher zu wehmütiger Rühr-
seligkeit als zu fruchtbaren Empfindungen. Die
Wirksamkeit dieser sanften Drogen ist unterschwel-
lig und oft subliminal hinterhältig. Bewegte Tonbil-
der bewegen die Zuschauer und Zuhörer, aber fast
immer zu konformistischen Einstellungen, auch und
gerade die scheinbar aufmüpfigen.

Filmzitate wirken wie Reklametexte, und sie *sind*
nicht mehr als Reklametexte. Sie machen eindring-
liche bis aufdringliche Werbung für kollektiv erwünschte Lebensgefühle, Weltsichten und Verhal-
tensdispositionen, die von zu vielen Menschen ge-
teilt werden. Sie etablieren Freund- und Feindbilder
tief in die Gemüter. Ihr Einfluss dürfte eher frag-
würdig als segensreich sein.

Ich werde hier absichtlich kein einziges solcher weitverbreiteten Zitate wiedergeben oder kommentieren. Sie sind es nicht wert. Sie sind ohnehin in aller Herzen, als gemeinschaftsstiftende und weiterverwertbare Signalmarken, und die Eingeweihten zwinkern sie einander zu. Selbst die vermeintlich aufsässigeren Sprüche aus Filmsequenzen sind nur Erkennungszeichen dubioser Einverständnisse statt kritischer Verständnisse. Ein Sahnebonbon wird gelutscht und - pfft - ist er weg. Leinwandschatten verdunkeln die Bilder der eigenen Phantasie, die weiter verkümmert.

Man zitiert schon häufiger Satzfetzen aus Filmen als aus Büchern. Der Film war neben der Popmusik die vorherrschende Kunst des 20. Jahrhunderts und wird es wohl noch etwas bleiben im 21. Jahrhundert. Er hat längst auch die Intellektuellen erobert und ist eine typische Verfallsform der Literatur und des Theaters.

Spielfilme und Popmusik bilden den wirkmächtigen Großteil der modernen Massenkunst in den Massenmedien. In Demokratien wie in Diktaturen indoktrinieren sie mehr oder weniger plump die Geister durch "Unterhaltung". *Entertainment* ist die legitimierte Modernisierung und gleichzeitige Demontage der Kultur, ihre Entschärfung für den reibungslos unproblematischen Hausgebrauch. Pure Unterhaltung, die auch nichts anderes sein will, mutet nichts zu, geht glatt ein und hat die volkspädagogische Funktion, die Arbeitskraft für den nächsten Werktag zu regenerieren, überschüssige Triebenergien gefahrlos zu entsorgen und in unschädliche Kanäle abzuleiten wie der Sport. Sie erleichtert es uns, mit dem perfiden Weltlauf unseren Frieden zu machen - das schlichtere Gemüt mit primitiveren Mitteln, das anspruchsvollere eben nur mit gerisseneren Mitteln. Man will uns bei Laune halten, damit wir nicht durchdrehen und alles kaputthauen. Aber kann Entertainment die Langweiligkeit des technologisch entlasteten *modern life* vertreiben?

Auch Literaturverfilmungen vergröbern in aller Regel ihre verbaleren Vorlagen, sogar wo sie besser sind als diese. Filmdrehbücher sind gefälschte Lesebücher. Der Zuschauer oder Zuhörer muss seine Phantasie nicht so bemühen wie der Leser. Sprach- und musikunterlegte Bilder sabotieren die Bildung eher, als sie zu stützen. Filme schmeicheln unserer bräsigen Bequemlichkeit in hohem Maße und bedienen meist nur unkultiviert standardisierte Gefühlsschablonen. Sie sind Einübungen in den Massengesellschaftsbetrieb, kaschierte Drillveranstaltungen und illustrierte Schulungskurse des Massenbewusstseins ohne Bewusstsein. Sie wirken am Kopf vorbei direkt auf den Bauch.

Moderne Filmbilder lähmen die Einbildungskraft des einsamen Lesers und seine Urteilskraft gleich mit, sodass Geschmacksurteile sich nachhaltig entsublimieren. Der Spielfilm hilft, erwünschte Kollektive zu erzeugen und emotional zu festigen. Er transportiert unerkannte Ideologien und implantiert sie fast unbemerkt ins geneigte Publikum.

Laufbilderfolgen und Satzfetzen, die aus Filmen hängenbleiben, speisen die Alltagsmythologien der Massenkultur, Erkennungszeichen, die man einander zuwirft, um Zugehörigkeit zu Meinungskollektiven zu signalisieren und einzufordern, nichtswürdig pfiffige Gassenhauer, die keine Einsichten fördern, sondern nur augenzwinkernde Einverständnisse.

Literatur von Rang steht über dem besten Spielfilm, aber das wird seltener mehr gefühlt. Filme sind die Bildungsromane des Industriezeitalters. doch den Gemeinschaften, die sie stiften, ist eher zu misstrauen, und die meisten Filmzitate sind witzverpackte Propagandalosungen kritikloser Mentalitäten.

Spielfilme brauchen, um ihre hohen Kosten einzu-spielen, gewöhnlich ein breiteres Publikum als Buchromane, und vulgarisieren, was sie popularisie-ren. Die besseren haben raffiniert verschraubte Handlungsplots, ihre Held(inn)en aber taugen alle nicht viel, auch wenn sie hier und da hübsch aus-schauen. Unsere Vorbilder und Weltbilder im Kopf sind allzu oft triviale Filmbilder. Dass manche der vielen Filme inzwischen einander ironisch zitieren, macht die Sache um keinen Deut besser.

Geht es um den Popkulturwahn, sei man ein Spiel-verderber : Wer Entertainment unterhaltsamer findet als Hochkultur, hat bisher wenig Geschmack entwi-ckelt. Die Begeisterung für die meisten Filmidole und ihre Weisheiten aus den Zelluloid-Traum-fabriken habe ich nie teilen können. Sie kamen mir vor wie todlangweilige Hanswurste, die sich mit platten Scheinproblemen herumschlugen und nichts Nennenswertes zu sagen und zu tun hatten. "Film-kunst" baut besonders nahe am Kunstgewerbe und Edelkitsch. Zeitverschwendung.

Aus jedem Spielfilm kommt man etwas schlechter heraus, als man hineingegangen ist, ob nun Kino-palast, Fernseher oder Internetportal ...

Hedwig Conrad-Martius
METAPHYSIK DES IRDISCHEN

STICHWORTE FÜR EINE
METAPHYSIK DER IRDISCHEN WELT

1. Stoff und Licht

Die irdische Welt ist deshalb irdisch, weil sie aus "Stoff" besteht. Die stoffliche Natur ist nichts Äußerliches an ihr, sondern ein Wesensbestandteil. Durch den Stoff ruht die irdische Welt in einem Sein, das gleichsam dem Nichts unmittelbar benachbart ist und ruht doch darin in wahrer, in sich selbst begründeter Wirklichkeit. Diese Seinsmacht in der Ohnmacht, diese wahre Wirklichkeit im Nichts oder aus dem Nichts heraus bildet die eine grundlegende Seite des Wunders irdischer Schöpfung mit allen ihren Gestaltungen.

Die erste wesentlichste Frage ist deshalb: Was ist Stoff? Stoff darf weder spiritualistisch verflüchtigt, noch als ein "von Grund auf" in äußerlich raumerfüllender Starrheit bestehender gefasst werden. Im ersten Fall wäre er nicht mehr "er selbst" und jenes Wunder irdischer Schöpfung aufgehoben. Die raumerfüllende Starrheit kann aber andererseits nichts Letztes sein, weil sich mit dem Stoff auch erst der physische Raum konstituiert (oder mit ihm geschaffen ist) − so wie mit dem geschöpflichen Sein überhaupt erst die Zeit. Irdischer Raum und irdische Zeit sind erst mit der irdischen Schöpfung da, nicht vor ihr.

Dasselbe letzte, innere, dynamische *Etwas*, das stoffliche Masse setzt, setzt auch den Raum.

Von dieser stoff- und raumkonstituierenden letzten, inneren Seinsdynamik aus ist aber eben sowohl die Schöpfung des irdischen Lichtes zu ver-

13

stehen.

Was Licht ekstatisch ist, ist Stoff statisch. Aller irdische Stoff ist lichthaft; alles irdische Licht ist stoffhaft.

Konvergieren solche metaphysischen Wesenseinsichten mit den Ergebnissen der neuesten Physik? Die heutige Physik führt in eine Dimension, die jenseits von Zeit und Raum liegt, aber diese zeiträumliche Stoffwelt unmittelbar "bewirkt". Bewirkung hat hier natürlich nicht mehr den Sinn "exaktnaturwissenschaftlicher" (mechanistischer) Kausalität.

Bedeutsame Folgen von dieser Grundlage aus zunächst für die Möglichkeit, daß der Stoff nicht nur <u>Träger des Lebens</u> und organisierter Gestaltung, sondern auch <u>Behältnis und unmittelbarster Ausdrucksbereich der Seele,</u> sowie <u>Traggrundlage des Geistes</u> sein kann; dann für die Möglichkeit eines <u>überphysischen</u> Stoffes, der Stoff im eigentlichsten Sinne bleibt und dennoch keine physische Masse mehr ist: Lichtstoff, paradiesischer Stoff, der Stoff verklärter Leiber usw.

II. <u>Pflanze und Leben</u>

Wo liegt die Seinsstelle, an der sich rein stoffliche Gestaltung, wenn auch in wahrer dynamischer Gestaltung von innen her begriffen, von einer <u>lebendig</u> organisierten Gestaltung unterscheidet?

<u>Was ist organisches Leben?</u> In welchem Sinne ist organisches Leben selbst "schöpferisch"? Unterscheidung zwischen dem immanent schöpferischen Vermögen des Geschöpflichen und dem

transzendent schöpferischen "Vermögen" des Schöpfers. Grenzen einer aus der Natur selbst her begriffenen "schöpferischen Entwicklung".

Das tiefste Ingredienz organischen Lebens: das Vermögen ganzheitlicher Selbstvervielfältigung: aus einem Ganzen zwei oder mehr solche zu machen. Die hierin liegende ganzheitliche Selbstumschließung und Selbstdurchdringung des Lebendigen. Hier die Wurzel der Fortpflanzung und Zeugung. Zweigeschlechtliche Fortpflanzung setzt eingeschlechtliche, weil das einfache, lebendig-organische Selbstvervielfältigungsvermögen voraus, nicht umgekehrt!

Die Pflanze in Wachstum und Zeugung reinster Selbstausdruck eines lebendig-organischen Wesens, eines puren Portpflanzungswesens. Reinster Ausdruck organisch-schöpferischen Vermögens.

Auch hier wieder Zusammentreffen metaphysischer Wesenseinsichten mit einer Fülle neuester biologischer Ergebnisse.

III. Tier und Seele

Genauer Seinsort, an dem das Tier gegenüber der Pflanze einerseits, dem Menschen andererseits steht.

Rein stoffliche Wesen, auch die Pflanze trotz ihrer ganzheitlich innerschöpferischen Lebensgestaltung, leben nicht selbsthaft aus einem Inneren heraus, obwohl ein solches "Inneres" als lebendige 'Potenz in sie hineinwirkt.

Das Tier lebt selbsthaft aus einem "Inneren" heraus: seiner Seele.

Was ist das "Innere" und das "Äußere" der Natur? Natur überall aus eigenen, geschöpflich-schöpferischen Potenzen hervorwirkend und – gestaltend. Das ist – neben der Stofflichkeit – der andere grundlegende Wesensbestandteil der irdisch naturhaften Welt. Reich dieser naturseelenhaften Potenzen oder Vermögen : das Innere der Natur. Hier liegt der ganzheitlich übergreifende, kosmische Zusammenhang der gesamten Natur. Auch das rein stoffliche, anorganische Wirken gründet in diesem Inneren.

Aber erst im Tier wird dieses Innere zu einer selbsthaften Mitte, aus der heraus das Tier handeln und in die hinein es Eindrücke empfangen kann. Erst das Tier empfindet und handelt spontan.

Durch die Seele ist das Tier in selbsthafter Weise in die inneren kosmischen Naturzusammenhänge eingeordnet. Von hier aus die seelenhaft zielgerichteten, obzwar geistig blinden Instinkthandlungen zu verstehen.

Die neuen Wege heutiger Physiologie und Tierpsychologie.

IV. Mensch und Geist

Genauer Seinsort des Menschen gegenüber dem Tier. Die freie Person. Aufbau aus Leib, Seele und Geist.

Wesentlichste Grundfrage: das Verhältnis von Stoff, Seele und Geist. Aufdeckung der drei wesensverschiedenen Regionen. Das "Seelische" liegt gegenüber dem Stofflichen und Geistigen ganz im Bereich des Potenzhaften, Natur begründenden,

Inneren (von wo aus die Linie zum Dämonischen führt!). Stoff und Geist liegen im Bereich ausgewirkter (aktueller) Wirklichkeit; im Bereich der vollkommenen Seinsausgestaltung oder "Geäußertheit": aber natürlich in radikal entgegengesetztem Sinne.

Hier ist der Punkt aufzufinden (und durchaus auffindbar!), an dem Leib, Seele und Geist – trotz der wesensverschiedenen Seinsdimensionen, denen sie angehören – zu einer von Grund auf einheitlichen Gestaltung zusammengefügt werden können.

Heutige Anthropologie. Immer klarer werdende Einsicht, daß der Mensch nicht aus Tierahnen hervorgegangen sein kann.

V. Ursprüngliche, gefallene und erlöste Schöpfung

Hinordnung der gesamten Schöpfung auf den Menschen.

Verantwortlichkeit des Menschen.

Wo läuft der Riss, den der Sündenfall des Menschen über die gesamte Schöpfung gebracht hat?

Das Paradies!

Die Wesentlichkeit, einer klar umgrenzten (nicht pantheistischen, gnostischen, platonischen!) Anschauung über die Schöpfung (Erschaffung) der Welt für die richtige Einsicht in den Zusammenhang von Sündenfall (verlorenem Paradies), Erlösung und Wiederherstellung.

Vor allem noch einmal : grundlegend eine klare Einsicht in das Wesen von Stofflichkeit und darauf gründend von Leiblichkeit.

Die Erlösung betrifft Geist, Seele und Leib, den ganzen Menschen, die ganze Schöpfung.

VORBEMERKUNGEN

Das irdische Weltall umfasst mehr als nur die Erde. Zu ihm gehört das All des Sternenhimmels. Dieser Sternenhimmel ist so gut irdisch wie die Erde selbst. Erde und irdischer Himmel bilden zusammen das irdische Weltall. Was ist die Wesensgrundlage und was sind die wesentlichen Bestandteile dieses irdischen Weltalls? Um diese Frage oder Fragen geht es in diesem Buch.

Der irdische Kosmos ist nicht die einzige Wirklichkeit. Er ist nur ein Ausschnitt aus dem geschöpflichen All. Und das geschöpfliche All gründet in Gott, dem Schöpfer, der Wirklichkeit aller Wirklichkeiten. Neben dem irdischen Kosmos steht der himmlische Kosmos, die Hierarchien der Geister und Engel. Sie beschäftigen uns hier nur als Hintergrund, um den irdischen Kosmos umso deutlicher sich abheben zu sehen.

Was zum irdischen Weltall gehört, besitzt stoffliche Leibhaftigkeit. Diesen anscheinend so einfachen und selbstverständlichen Satz nach Gehalt und Reichweite bis auf den Grund zu durchleuchten, ist Ziel der folgenden Ausführungen.

Stoffliche Leibhaftigkeit ist nicht ein zufälliger Bestandteil der irdischen Welt, sondern eben das, was ihr Wesen prägt. Diesen Pfahl verrücken heißt alles verrücken. In der Geschichte der Metaphysik und Philosophie ist er so viel hin und her geschoben worden, dass es so aussieht, als wenn die Grenzmarken nicht mehr aufgefunden werden könnten. Von spiritualistischer Verflüchtigung bis zum gröbsten Materialismus irrt die persönliche und Zeitanschauung hin und her. Aber es ist auch nicht damit getan, eine ausgemessene Mitte zu finden. Materialismus nimmt den Stoff, wie ihn Hand und Auge vorfindet und will ihn so als letzte Wirklichkeit ins Dasein einrammen. Spiritualismus deutet ihn in etwas anderes um und weg, das er "im Grunde" und "eigentlich" sein soll. Jenes ist so gut verfehlt wie dieses. Stoff muss in seinem eigenen Wesen und von seinem eigenen, in ihm selbst liegenden metaphysischen Grunde her begriffen werden.

Die Ergebnisse der gegenwärtigen Physik haben dem Materialismus das Ende bereitet. Diejenigen unter den Physikern, die sich nicht einfach positivistisch mit dem physikalisch Beobachtbaren und mathematisch Errechenbaren begnügen wollen, sondern an den Hintergründen dieser seltsamen, aller bisherigen Erfahrung widersprechenden Ergebnisse herumrätseln, gelangen naturgemäß zu irgend einer Art von Spiritualismus. Diese heillose Verwirrung ist nicht Schuld der Naturwissenschaft, sondern der Philosophie, die ihren eigenen Boden so schlecht bebaut. Spiritualistische Weltauffassung haftet genau so an der oberflächlichen Handgreiflichkeit wie der Materialismus. Stoff und Geist sind fertige Baustücke der geschöpflichen Welt. Eines von ihnen nehmen, um damit das andere zu begründen, heißt mit dem schon Auferbauten den Grund legen zu wollen. Es bedarf einer Erkenntnis, die die erstellenden Baugründe und Baumaterialien sowie die Weise des Aufbaus oder der Erstellung wieder zu Tage fördert. Noch einmal : Geist und Stoff sind keine erstellenden, sondern fertige Baustücke der geschöpflichen Welt und können deshalb in dieser Sicht nur das sein, was vor unseren Augen erwächst, nicht aber das, was den Grund legt.

Und ist nicht eben das unsere philosophische Sehnsucht? Wissbegierigen Knaben gleich treibt es uns das Innere aufzubrechen, um den Mechanismus zu sehen. Das ist kein von irregeleiteter Erkenntnishybris eingegebenes Unterfangen. Denn so wie eine technische Konstruktion demjenigen, der etwas davon versteht, Baustruktur und Bauweise in deutlichen Zügen offenbart oder auch – und in vielleicht besserem Bild – für den Künstler und Kunstsachverständigen die dem Laienauge völlig verborgenen Ursachen der Entstehungs- und Wirkungsweise des Kunstwerks in dasselbe eingeschrieben sind, so vermag die geschöpfliche und im Besonderen die irdische Welt die letzten formalen Gründe ihrer Erstellung und Wirkung zu offenbaren. Allerdings auch hier nicht dem alltäglichen und rein natürlichen Blick, sondern nur dem, der sich in diese besondere, jedoch ganz normale, weil völlig sachangepaßte Weise des Sehens einführen lässt. Man braucht also nicht einmal, das Ganze zerstörend, in ein verborgenes Inneres einzudringen. Man braucht das Werk nicht zu zerbrechen wie jene Knaben. Der Logos der Welt ist ihr selbst eingeschrieben. Und es ist wohl möglich, mit dem dafür geschärften Geist, der diesem gleichen Logos entstammt, etwas von dieser Sinnschrift der zugrunde liegenden Planung zu lesen.

Hiermit bekommt zugleich der Begriff "Metaphysik" einen deutlich umschriebenen Sinn. Es gibt eine inhaltliche Metaphysik, in der es sich um jene überirdischen (oder auch unterirdischen) Sphären handelt, die wir vorhin in das Ganze der geschöpflichen Wirklichkeit einschlossen. Sie liegen "jenseits" der irdischen Welt, insofern wir mit ihnen einen anderen, eben unirdischen Seinsboden betreten. So wesentlich sie sind, so vielfältig sie in unsere irdische Welt hineinragen, ja sie umfangen und durchdringen, so oft wir uns deshalb auch auf sie werden beziehen müssen, so stellen sie doch nicht das inhaltliche Material unserer Untersuchungen dar. Unser Gegenstand ist die irdische Welt. Aber diese in einem metaphysischen Sinne. Neben der inhaltlichen Metaphysik gibt es eine aufbauende; mit ihr betreten wir den <u>eigentlich philosophischen Raum.</u> Wir verlassen die irdische Welt nicht, um in ein unseren sterblichen Augen verborgenes Jenseits hinauf- oder hinabzusteigen; sondern wir dringen innerhalb ihrer selbst und sie nirgends verlassend bis zu den Gründen vor, die sie in ihrem eigenen Sein und Bestand ermöglichen. Dasselbe können wir von einer jenseitigen Sphäre aus tun. In diesem Sinne gibt es eben sowohl eine Metaphysik der himmlischen Welt. Denn auch diese hat ihre ihr eigenen Daseinsgründe und -strukturen. Sofern beide zum All der geschöpflichen Wirklichkeit gehören und die Struktur des irdischen Daseins nur verständlich wird aus ihrer formalen Zugehörigkeit zu der allgemeineren Welt der Wirklichkeit selber, muß natürlich dieser größere Seinsraum betreten werden.

Das Metaphysische liegt somit nur insofern über das Physische oder die Physis hinaus, als wir mit dieser Physis die fertig erstellte Naturwirklichkeit meinen, in der wir leben und zu der wir gehören. Ein Spiritualismus ist so wenig Metaphysik im guten philosophischen Sinne wie ein Materialismus. Beide operieren nur mit den fertigen Baustücken, dem Geist hier, dem Stoff dort. Einerseits wollen sie in einer seltsamen Verdoppelung ihr eigenes Gebiet, die Welt des Geistes hier, die Welt des Stofflichen dort, mit diesen gleichen Baustücken grundlegen, so wenn etwa der Mechanismus der Körperwelt durch einen gleichgearteten Mechanismus in den kleinsten atomaren Dimensionen erklärt werden soll. Andererseits aber das fremde Gebiet in eben diese seltsamen Fundamente hinein umdeuten: so wie der Materialismus den Geist aus stofflichen Wirkungsvorgängen, der Spiritualismus stoffliches Geschehen aus geistigen Dynamismen hervorwachsen sehen will. Das ist wohl ein Verlassen und Übersteigen des eigenen materialen Raums, aber nur in einen frem-

den, gleichfalls materialen, nicht aber jenes Hinab-
loten in eine grundsätzlich andersartige, weil we-
senhaft zur Grundlegung und zum Aufbauen geeig-
nete Sphäre. Eine solche echte Metaphysik nennt
man auch Ontologie, weil sie die Urbestandteile des
Seienden auseinanderlegt und durchleuchtet.

In einer wahrhaft erschütternden, weil in der
bisherigen Wissenschaftsgeschichte völlig erstmali-
gen und einmaligen Lage befindet sich die Naturwissenschaft der Gegenwart. Nicht metaphysische
Einsichten, wie wir sie in diesem Buch vor Augen
haben, sondern das nicht ruhende Vorwärtsdrängen
reiner Erfahrungswissenschaft hat sie an Grenzen
und Gründe gebracht, an denen die klare Unmög-
lichkeit aufgebrochen ist, fernerhin mit Begriffen
auszukommen, die der fertigen makrokosmischen
Welt entnommen sind. Sie sind, mit ihren Bestand-
aufnahme- und Registrierapparaten auf dem Meer
dieser Welt umherschiffend, unerwartet auf den
Grund gestoßen. Man hatte nicht geglaubt, ja es für
lächerlich und absurd angesehen, dass es solche
erfahrbaren "Gründe" gibt; nun hat sich das Schiff-
lein empirischer Forschung plötzlich auf ihnen fest-
gefahren. Die Tatsachen selber haben die Naturwis-
senschaftler zu der Einsicht gezwungen, dass Sein
und Wirkungsweise nicht nur der Welt des Lebendig-Organischen, sondern auch der des rein Körperhaften einer Grundlegung bedarf, die in ihren Be-
standstücken nicht wiederum dieser fertigen Welt
selber entnommen ist. Es sei eine Naivität zu sagen:
im Atominnern sehe es so und so aus, da sieht es

vielleicht überhaupt nicht aus. In diesem Mikro-dimensionen gibt es vielleicht etwas anderes, als was sich unseren Augen in der Makrowelt zeigt, sagte Bohr in dem für die neue Physik so entscheidungsvollen Jahr 1925 in einem Vortrag. Er empfiehlt ein Absehen von mechanischen Bildern in Raum und Zeit.

1) Angeführt nach <u>Ernst Zimmer,</u> Umsturz im Weltbild der Physik, München 1934. Hieraus auch folgender Ausspruch von Dirac: "Mehr und mehr hat es sich ... in letzter Zeit herausgestellt, dass die Natur nach einem ganz anderen Plan arbeitet. Ihre Grundgesetze beziehen sich nicht ganz unmittelbar auf eine Welt, die wir uns in Raum und Zeit vorstellen können, sondern diese Gesetze gelten für ein Etwas, von dem wir uns keine anschauliche Vorstellung machen können." (Die oben angeführten Formulierungen stammen zum Teil von Zimmer im Anschluß an Bohr, d. H.)

Ist damit alle Anschaulichkeit preiszugeben? Den Physikern, die mit Begriffen der mechanisch-makrokosmischen (Region) zu arbeiten gewohnt sind, scheint es so. Die positivistisch Eingestellten bleiben bei einem rein mathematischen Symbolismus stehen. Die metaphysisch Gesinnten flüchten zum Spiritualismus, um doch etwas in Händen zu haben. <u>Hier fehlt eine ganze Region.</u> Es fehlt die Region des Metaphysischen. Es fehlt alles das, was das "Physische" in seinem Bestand und Wirken allererst möglich macht. Und zwar in sich selbst objektiv möglich macht. In der Ansicht, dass hier jede Anschaulichkeit, ja unmittelbare Erkenntnismöglichkeit versage, ist nur die durch Jahrhunderte hindurch einseitig auf die physikalisch-mechanische Welt ausgerichtete Blick- und Forschungsart schuld. Auf ihr baute Kant seine Philosophie auf. Die Kantischen Anschauungsformen sind allerdings kein taugliches Werkzeug, um damit einen Kosmos zu begründen, der in seiner fertigen Erstellung durch diese sogenannten Anschauungsformen, die in Wahrheit Strukturformen sind, geprägt ist. Es gilt ja gerade diese Strukturformen — Raum, Zeit, Substanz, Materie, Kraft, ja dieses ganze physische Dasein — selbst aus metaphysischem Grunde erwachsen zu sehen.

In einer grundsätzlich gleichen Lage wie die Physik befinden sich die Wissenschaft des natürlich-organischen Lebens, die Biologie, und die Wissenschaften, in denen Seele und Geist im Mittelpunkt stehen : Tierkunde und Menschenkunde. Die biologischen Experimente führten von allen Seiten zu dem Punkt, an dem ein Weitergehen in der bisherigen Forschungsweise unmöglich wurde. Wie in der Physik die Körper durch immer winzigere körperliche Einheiten, wollte man in der Biologie organisches Leben durch immer kleinere organische Lebenseinheiten, die den makrokosmischen grundsätzlich gleich sind, aufbauen. Bis zu einem gewissen Grade ist das möglich. Aber auch hier stieß man an eine Grenze, die ein Weiterschreiten auf diesem Wege zu einem Absurdum machte. Man kann die eigentümlichen Gestaltungen, Erscheinungen und

Wirkungsweisen des organisch Lebendigen nicht durch sich selbst erklären. Die Flucht in den mechanistischen Materialismus erweist sich gegenwärtig schon deshalb als ein wenig sinnvolles Beginnen, als die Wissenschaft des Körperhaften selber, die Physik, mit solcher Begründungsform in einen Leerraum gestoßen ist. So flüchtet man auch hier in den Spiritualismus, der unter verschiedensten Formen sehr gängig geworden ist. Auch hier fehlt das begriffliche und anschauliche Werkzeug, um organisches Leben aus seinem ureigenen Seinsboden erwachsen zu sehen. Es fehlt eine Metaphysik, die dem Leben seinen ganz besonderen Seinsort im Raum der natürlichen Wirklichkeit zuweist und die Baustücke beibringt, die ihrem Wesen nach dieses organisch natürliche Leben erstellen. Eine entscheidende Vorarbeit hat hier schon die Ganzheitslehre geleistet, Auch Psychologie und Anthropologie biegen zu völlig neuen Richtungen um. Das ist bekannt. Aber überall macht sich doch der Mangel eines wahrhaft sachangepaßten seinstheoretischen (metaphysischen oder ontologischen) Rüstzeugs bemerkbar. Wenn noch vor 10 - 20 Jahren ontologische Untersuchungen wie ein den eigenartigen Neigungen eines Philosophen entsprungener Fremdkörper im Wissenschaftsbetriebe stand, so ist heute die Forschung wahrhaft reif dafür geworden. Man kann ohne Übertreibung sagen, dass fast jedes fachwissenschaftliche Werk mehr oder minder glückliche Versuche enthält, in solcher Richtung vorzustoßen. Den Philosophen mag es jammern, die gänzliche

Disziplinlosigkeit in den meisten dieser Versuche und Vorstöße zu sehen. Aber es ist seine Sache, hier Ordnung zu schaffen. Und er darf sich über den glücklichen Zeit-Augenblick freuen, in dem ihm von allen Lagern her die seiner Arbeit bedürftigen Notrufe entgegenhallen.

Ein wesentliches Deichen für solche Not der Wissenschaft ist das an vielen Stellen versuchte, ja zum Teil schon mit Erfolg durchgeführte Zurückgreifen auf scholastisches Kategorienmaterial. Die scholastische Philosophie in ihren verschiedenen Formen ist in der Tat metaphysische Seinswissenschaft, ist Ontologie im besten Sinne. Es liegt mir aus wesentlichen Gründen jedoch daran, die Aufbaustrukturen des irdischen Kosmos in anderen Durchschnitten bloß zu legen als den scholastischen. Wir brauchen gegenwärtig eine dynamische Seinslehre, die den maßgebenden metaphysischen "Triebkräften" auf die Spur kommt. Die scholastische Seinslehre ist demgegenüber eine statische. Wir werden später besser sehen, was dieser Unterschied bedeutet.

Aus einem unveröffentlichten Manuskript von 1941

Cartesianische Meditation: Klassendifferenz von *res cogitans* und *res corporea*

Kaum ein Philosoph hat die Ehre, auch und gerade von philosophischen Laien heute so leidenschaftlicher Angriffe gewürdigt zu werden, wie der Chevalier Descartes, Seigneur de Perron (1596 - 1650). Wer auch nicht mehr von ihm weiß, als dass er zu den großen Rationalisten der europäischen Geistesgeschichte gehört, hat bereits den entscheidenden Grund für diese feindseligen Attacken verstanden.

Der Erfinder der Analytischen Geometrie war ein analytischer Denker. Wer Analysen ablehnt, wird sie zu fürchten haben. Unsere schönen Seelen lieben es nicht, zergliedert zu werden, man könnte ihnen auf die Schliche kommen. Descartes ist pietätlos genug, die von Deutschen so geliebten schönen „Ganzheiten" in ihre unschönen Bestandteile zu zerlegen, um zu sehen, was darin steckt und wie es funktioniert.

In dem, was die Welt im Innersten zusammenhält, entdeckte er die bloße Äußerlichkeit von Innereien.

Nie hat er die totalitären Organisationen zu organischen Ganzheiten umgelogen, sondern umgekehrt im lebendigen Organismus des gesellschaftlichen Ganzen die totalitäre Organisation analysiert.

Sein Blick zerschlägt sie, um ihre Macht über die Gemüter zu brechen.

Es ist klar, dass die gezielt unklaren und undeutlichen Vorstellungen erbitterten Widerstand leisten gegen die cartesianische Zumutung, sich analysieren zu lassen, und noch im Widerstand der Verdrängungen gegen ihre Psychoanalyse lebt der Anticartesianismus weiter fort. Das finsterste Mittelalter, in welches Descartes das Licht der Vernunft bringen wollte, war der lichte Tag gegen das „Wassermann-Zeitalter", welches heute dem High-Tech-Cartesianismus samt seinen christlichen Gegnern spirituelle Erleuchtung bringen will und doch nur das Kind mit dem Bad ausschüttet.

Neu aufrollen werden wir hier weder den Prozess, den dieser gelehrte Aristokrat vor über drei Jahrhunderten im Namen der Naturwissenschaft gegen die kirchliche Scholastik angestrengt hatte, noch den mindestens ebenso hartnäckigen Prozess, der ihm gerade heute wieder von den vereinigten Obskuranten aller Länder im Namen vernünftiger Vernunftkritik gemacht wird. Wir werden hier nicht noch einmal den dynamischen Prozess, den er ins statische Weltbild hellenistisch überfremdeten Bibelglaubens gebracht hatte, den Prozess machen, da keine neuen Beweismittel aufgetaucht sind.

Wir werden das Denken des Descartes nicht noch einmal einer erschöpfenden Prüfung unterziehen, sondern nur soweit für ihn in die Berufung gehen, wie er im geistigen Durchschnittshaushalt seiner neueren Ankläger eine bemerkenswerte Rolle spielt. Die Verbrechen, die gerade heute wieder an diesem Philosophen ideologisch verübt werden, sind größer als jene, die er begangen haben soll. – Wer besser denken will als Descartes, darf im Übrigen nicht schlechter schreiben als er. Die Anticartesianer à la mode sagen mathematische Naturzerstörung und meinen doch nur hebräischen Intellektualismus. Sie hauen die technische Rationalisierung und meinen die typisch alttestamentarische Ratio selbst. Es ist ganz so, wie man heute Kapitalismus sagt und die Republik meint. Nichts lieben Deutsche mehr als die Phrase, dass das Ganze mehr und besser sei als die bloße Summe seiner analysierbaren Teile. Deshalb sei Descartes, so heißt es, als Vater der *Analytischen Geometrie* ein rechter geistiger Schreibtischtäter, der das zerstöre, was er untersuchen wolle, und es nur erforsche, um es vernichten zu können.

Cartesianismus, das ist für Ideologen nichts als die schönfarberische Umschreibung für geistige Vivisektion am lebenden Objekt, an den organischen Ganzheiten. „Ganzheit" auf lateinisch heißt Totalität. Descartes hat die organischen Ganzheiten als synthetisch hergestellte Totalitäten analysiert, und das verzeihen ihm die Öko-Holisten aller Länder nie. Das analytische Denken ist Kritik, es ist ein philosophisch reflektierter Antitotalitarismus.

Descartes flüchtete wie Spinoza ins liberalere Holland und blieb zeitlebens der „homme en masque". Bis heute ist die Frage nicht beantwortet, ob in seinem Falle der Fortschritt eine katholische

Maske trug oder der christliche Glaube sich eine wissenschaftliche Larve aufgesetzt hatte. Frankreich sei ein ewiger Dialog zwischen Pascal und Descartes, sagt man. Descartes bewaffnete den *esprit de géometrie* mit jenem *esprit de finesse*, mit dem Pascal die Religion gegen die mathematisch maskierten Befreiungsbewegungen des Barock bewaffnete. Hatte Pascal die Religion gegen die Technokraten oder nur die kirchlichen Theokraten gegen die Vernunft verteidigt? Hatte sein Gegenspieler Descartes die analytische Rationalität gegen jeden Aberglauben oder nur die Schöpfungszerstörer zu Babel gegen Gottvater und sein universelles Emanzipationsgesetz verteidigt?

Ich denke gut, also bin ich gut, dachte der *Seigneur de Perron*, der in den Sitten und Bräuchen seiner Zeit eine *provisorische Moral* achtete. Diese vorläufige Ethik hielt er nicht viel anders als heute Jürgen Habermas für lern- und entwicklungsfähig. Aber anders als der deutsche Sozialphilosoph machte er die Verbesserung des Gewissens nicht abhängig vom Diskussionsstand der Alternativdeutschen, sondern vom Fortschritt der Wissenschaft. Wissenschaft aber schien ihm nur fortschreitend tradierbar, sofern sie formalisierbar ist, und nur der jederzeit reproduzierbare und methodisch gesicherte Erkenntnisfortschritt, der von unkontrollierbaren Geniestreichen abgekoppelt sei, garantierte in seinen Augen jene rationale Bewältigung drängender Überlebensprobleme, die mit profitablem Raubbau an allen Naturressourcen wenig zu tun hat. Der Große sieht weniger weit als die Kleinen auf seinen Schultern, und eine Kuh, die Milch geben soll, darf nicht zu früh geschlachtet werden.

Dem wissenschaftlichen Urteil wollte er nicht durch neue soziale Vorurteile vorgreifen. Praktische Überzeugungen brauchen gar nicht aufgegeben zu werden, bevor sie wissenschaftlich falsifiziert seien, und theoretische Überzeugungen müssen nicht angenommen werden, bevor sie wissenschaftlich verifiziert seien. Es genüge, gut zu denken, um gut zu handeln, heißt es bei Descartes gut sokratisch und weltmännisch stoisch.

Der Anticartesianismus hat größere Tradition als der Cartesianismus selbst. 1926 hatte Ex-Katholik Martin Heidegger in seinem frühen Hauptwerk „Sein und Zeit" die Grundzüge jeder Descartes-Kritik dieses Jahrhunderts entworfen. Vieles an diesem Buch wurde bewundert, weniges getadelt und am wenigsten gerügt die Kritik an Descartes. Ist es Zufall, dass Heidegger zum wichtigsten rechten Denker wurde, als er sich an den „Cartesianischen Meditationen" seines Lehrers Edmund Husserl nicht länger beteiligen mochte?

1926 hatte Heidegger bereits alle späteren Einwände gegen Descartes vorweggenommen und überboten. In Hamann, Herder und Nietzsche hatte er einflussreiche Vorläufer gehabt. Beschwörend hatte Husserl gefragt: „Sind wir in dieser Gegenwart nicht in einer ähnlichen Situation, als welche Descartes in seiner Jugend vorgefunden hatte? Ist es also nicht an der

Zeit, seinen Radikalismus des anfangenden Philosophen zu erneuern,... weil der Geist des Radikalismus philosophischer Selbstverantwortlichkeit verlorengegangen ist?" Heideggers „ Überwindung der Metaphysik" antwortete : „ Die Verwüstung der Erde beginnt als gewollter, aber in seinem Wesen nicht bewusster und auch nicht wissbarer Prozess zu der Zeit, da das Wesen der Wahrheit sich als Gewissheit umgrenzt, in der zuerst das menschliche Vorstellen und Herstellen seiner selbst sicher wird."

Wo alle die Einheit von Körper und Geist beschwören, hat dieser Feudalist es gewagt, Leib und Seele säuberlich auseinanderzuhalten. Nun ist es klar und deutlich, daß der Geist der meisten Leute sich so wenig erhebt über das dumpfe Bewusstsein von Essen und Trinken, Schlafen und Beischlafen, Verdauung und Körperpflege, dass die Einheit von Leibhaftigkeit und Begeisterung allerdings zutrifft.

Für den Geist derer, die nur auf ihr leibliches Wohl bedacht sind, liegt in Descartes die Zumutung, an mehr zu denken als an Fleisch und Blut, aber auch körperliche und geistige Arbeit nicht zu verwechseln. Im Denken dieses Edelmanns ist noch gut scholastisch der Geist durch zeitsparendes Denken und der Körper durch seine räumliche Ausdehnung gekennzeichnet. Bei Descartes denkt der Körper nicht darüber nach, wie er sich weiter ausdehnen kann, und der Geistreiche ist etwas mehr als ein dicker Neureicher.

Den allfälligen Phrasen von der schier unauflöslichen Leib-Seele-Einheit zwischen Natur und

Geist setzte der scharfsinnige Sieur du Perron die klare und deutliche, die fast schon proletarische Vorstellung entgegen, dass jeder einzelne Mensch mehr und anders sei als sein verdammtes Arbeitsmaterial und dass seine Seele nicht nur Feuchtbiotop aus Haut und Knochen sei. Ein Adliger hat die Sklavenseele daran erinnert, dass sie unendlich mehr sei als der Körper, der die körperliche Welt für andere Menschen bearbeitet und sich an der Natur für andere abarbeitet, also mehr als der Körper, der sich für fremde Verbraucher verbraucht. – Mit anderen Worten : Die eherne Schranke zwischen res cogitans und res corporea ist nicht nur eine Inzestschranke, welche Kultur ermöglicht, sondern auch als Klassenschranke zu denken, die nicht verwischt werden darf, bevor sie aufgehoben ist. An beides wollen all jene nicht erinnert werden, die ganz Geist und Seele sein wollen, damit ihre Unterbauarbeiter nur Haut und Knochen bleiben mögen.

Descartes auf gut Proletarisch, das wäre: Ich denke, also bin ich – mehr als der Holzkopf und der Holzklotz, auf dem der für hellere Köpfe ewig herumhackt. Wo kämen wir hin, wenn der Prolet nicht nur jener Rohstoff wäre, den er für andere bearbeitet, sondern auch und vor allem eine „denkende Natur" und ein erleuchtetes Arbeitstier, also Bürger zweier Welten, der sinnlichen wie der intellektuellen Welt? Proletarisches Selbstbewusstsein sollte ein *Ego cogito* sein, das an allem zweifelt außer daran, mehr zu sein als die von ihm in Form gebrachte Materie. Der Sklave könnte Cartesianer werden und an jeder Autorität zweifeln außer an Gott, an der Realität und an seiner zum rationalen Gewissen erhobenen Selbstgewissheit. Die anticartesianischen Herrschaften hätten es nur zu gern, wenn der Arbeiter der Faust und sein Arbeitsmaterial eine untrennbare Einheit bildeten, wenn also der junge Handarbeiter kein Geistesarbeiter würde.

Cartesianer sehen körperliche und geistige Arbeit noch nicht dadurch versöhnt, dass fernsehende Arbeiter der Faust sich von joggenden Arbeitern der Stirn „anführen" lassen. Kritik an Descartes ist heute in Deutschland wenig mehr als ein bloßer Vorwand, um den Irrationalismus als die vernünftigste Sache von der Welt erscheinen zu lassen und die Ratio als methodischen Wahnsinn. In Descartes lehnte Heidegger den philosophischen Begründer des auf dem Wege von Plato zu Nietzsche nur noch nihilistischen Machtwillens der „Hure Vernunft" (Luther) ab. Wer heute Descartes zum Baumfrevler und ideologischen Umweltvernichter der ersten Stunde macht, zum Sündenbock für apokalyptische Folgeschäden der Weltindustrialisierung (welche die Probleme ja erst schafft, die sie kapitalistisch wie sozialistisch so vergeblich zu beseitigen verspricht), wer diesen welschen Edelmann als geistigen Vater aller „patriarchalischen" Dauerschänder einer jungfräulich unberührten Mutter Natur gern brandmarkt, ist dem rechtslastigen Anti-Cartesianismus des entlaufenen Jesuitenzöglings Heidegger bereits auf den Leim gegangen.

Von Jesuiten unterwiesen wurde Heidegger übrigens wie Descartes.

Es waren zwei Königskinder, die nicht zueinander kommen konnten, das Wasser war viel zu tief. Es ist, als habe Descartes den platonischen Mythos säkularisiert, der den Ur-Menschen in zwei Hälften teilt, eine gute und eine bessere, die sich im philosophischen Eros wiedervereinigen wollen und nicht können. Adorno tadelte an Descartes, er habe im naturbeherrschenden Geist nicht das Stück roher Natur erkannt, während ein Ernst Bloch umgekehrt monierte, die *res corporea* sei ein toter Holzklotz und keine beseelte Mutter Natur. Heidegger beklagte die Autarkie der beiden nicht intentional aufeinander hingeordneten Ursubstanzen und dass hier überhaupt von objektiver Erkenntnis gesprochen werde statt von „nichtendem Seyn". − Was Subjekt und Objekt primär verbinde, sei kein Akt der Erkenntnis, sondern ein „Inder-Welt-sein" des homo faber. Anders gesagt : Heidegger will eigentlich den forschen und nicht den forschenden Menschen. Dass subjektive Empfindungen auf körperlichen Bewegungen beruhen, hat übrigens von Descartes nicht nur Spinoza übernommen, sondern noch ein Adorno bestätigt.

Keine Kluft scheint uns von Descartes tiefer zu trennen als die Kluft, die er zwischen Erkenntnissubjekt und Erkenntnisobjekt zu legen wagte, „so dass dieses Ich, d.h. die Seele, wodurch ich bin, was ich bin, vom Körper völlig verschieden und selbst leichter zu erkennen ist als dieser." (Discours de la méthode, Kapitel 4). Seit Sigmund Freud allerdings ist umgekehrt die Materie leichter zu analysieren als die Seele, die sich ihren Körper baut. Das christliche Mittelalter hatte die Möglichkeit zu menschlicher Erkenntnis in der gemeinsamen Abkunft des Erkennenden wie des zu Erkennenden vom selben Schöpfergott gesehen. Wenn beide vom gleichen Vater im Himmel stammen, sind sie gleich genug, um die Möglichkeit von Wahrheit zu gewährleisten als die Angleichung des Verstandes an seinen Gegenstand.

Die bis zu ontologischer Blutsverwandtschaft gehende biblische Familienähnlichkeit zwischen Subjekt und Objekt der Erkenntnis ist bei Descartes bereits nicht mehr anerkannt und vorausgesetzt. Er zitiert noch Gottvater, um diese Übereinstimmung zwischen seinen so grundverschiedenen Ursubstan-zen zu ermöglichen, und wer Gott als Dritten im Bunde verabschiedet, macht das Objekt für das Subjekt undurchsichtig oder muss den cartesianischen Substanz-Dualismus aufgeben. Für Descartes war wissenschaftliche Erkenntnis gerade möglich, weil das Sein so ganz anders ist als jedes Bewusstsein von ihm, nicht weil es ihm so gleicht wie ein Ei dem anderen, aus dem es schlüpfte.

Gleiches erkennt nicht Gleiches, davor sei das Inzesttabu. Der gesunde Menschenverstand kann seinen Gegenstand nur erfassen aus genügendem Abstand zu ihm, er muss den Widerstand des kleinen Unterschiedes überwinden.

Wenn wir für einen kleinen Augenblick diesen großen Analytiker psycho-analysieren dürfen, dann wagen wir die Deutung, er habe zwischen res cogitans und res corporea die petite différence der Geschlechter gelegt. So wird die Substanz Subjekt und das Subjekt erst substantiell. – Der Mann kann Ein Fleisch werden mit der Frau, weil er ganz anders ist als sie, und ganz anders ist er nur, um mit ihr sich zu vereinigen.

Weit entfernt, die Vereinigung im Akt der Erkenntnis unmöglich zu machen, ist die substantielle Verschiedenheit erst das fundamentum inconcussum ihrer Verbindung. – Meist wird übersehen, daß die unüberbrückbare Kluft sich bei Descartes nicht auftut zwischen Mann und Weib, sondern zwischen Erdensohn und Mutter Natur. Der cartesianische ‚Occasionalismus' (Malebranche und Geulinx) schafft durchaus Gelegenheiten zum szientifischen Rendezvous zwischen männlichem Erkenntnisvermögen und leibhaftiger Weiblichkeit, aber nicht zwischen der Mutter Natur und ihren vielen Erdensöhnen.

Man versteht diesen Mechaniker der Lebenskunst nicht nur besser, sondern gewinnt auch mehr Verständnis für seine Grundgedanken, wenn die tiefe Verschiedenheit zwischen *sum res cogitans* und *res extensa*, die es verwehrt, das eine aus dem anderen abzuleiten oder das eine auf das andere zurückzufuhren, einfach auch als ein Geschlechtsunterschied gedeutet wird, aber nicht nur zwischen Adam und Eva, bei denen Descartes anfangt, sondern zwischen Erdensohn und Mutter Natur. Wer den kleinen Unterschied zwischen Sein und Bewusstsein nicht liebt, wird auch das cartesianische Inzestverbot hassen und es dann im Erkenntnisakt übertreten wollen.

Descartes legt wie Kant die Inzestschranke zwischen Menschenkind und Mutter Natur ; Descartes tut es ontologisch, Kant tut es epistemologisch. Für Kant bleibt das Dingsbums an sich unerkennbar, weil der Erdensohn mit seinem transzendentalen Ödipuskomplex sich einbildet, in seinem Erkenntnisobjekt, dem anderen Geschlecht, die unerkennbare Mutter Natur vor sich zu haben, während für Descartes das Subjekt seinen Gegenstand gerade erkennen kann, weil beide keine inzüchtige Blutsverwandtschaft verbindet.

Kant kann die Mutter Natur nicht erkennen, weil sie ihm zu blutsverwandt scheint, Descartes kann sie gelegentlich erkennen, weil ihn mit der fremden Schönen exogame Bande verknüpfen; er will nicht heim zu den Müttern.

Wen die cartesianische „Subjekt-Objekt-Spaltung" (Jaspers) der Welt stört, möchte am liebsten die Abnabelung des Menschenkindes von Mutter Natur leugnen oder rückgängig machen. Er will den Menschen hindern, erwachsen zu werden, und träumt von ewiger Ursymbiose von Ursprung und Entsprungenem, also von Schoß und Geborenem. Er erträgt nicht die klare und deutliche Vorstellung, dass jeder Einzelne vom Busen der Natur zu entwöhnen ist, um ein Mensch zu werden, der das ganz andere Geschlecht „erkennen" (hebräisch Jadah") kann und in diesem sich selbst. Heute will Adams

Erkenntnisvermögen nicht mehr die Distanz zum Leibe des legitimen Weibes und zu seinem eigenen Leibe überwinden, sondern sogar die Inzestschranke zur ausgedehnten Leibeshöhle der Mutter Natur überspringen, um wieder im Kindergarten Eden ihres Schoßes zu verschwinden, dem er entstammt.

Weil Heidegger genau diese Regression wollte und Descartes genau diese Regression nicht wollte, ist Heidegger Anti-Cartesianer und wäre Descartes Anti-Heideggerianer gewesen.

Für Descartes war die Vernunft, was für die Griechen der Liebestrieb war, nämlich wichtiger als ihre gleich-gültigen Objekte. „Vernunft und Liebe sind dasselbe", hatte Pascal geschrieben. Die Einheit der Vernunft und die Allgemeinheit der Liebe im Wandel austauschbarer Objekte gilt als Kern des cartesianischen Paradigmas menschlicher Erkenntnis. Der linke Adorno hat bekanntlich die Kritik dieses Paradigmas fast zu seinem Lebenswerk gemacht. Es lässt sich beileibe nicht sagen, dass sich gegen Descartes nichts Triftiges sagen ließe, aber gegen das, was heute gegen ihn vorgebracht zu werden pflegt, ist er allemal zu verteidigen. Adornos reflexive „Dialektik der Aufklärung" wird in den Dienst blanker Gegenaufklärung gestellt, wenn Adorno von den neuen Rechten in eine Koalition mit seinem Widersacher Heidegger gegen Descartes gebracht wird und wenn die Kritik Adornos und Heideggers aneinander verstummt vor ihrer gemeinsamen Kritik an Descartes. − Sartre war eine regelbestätigende Ausnahme, denn er lernte von seinem contra-cartesianischen Oberlehrer Heidegger, gegen Heidegger ein Cartesianer in zweiter Potenz zu sein. Er war auch der einzige unter den Existenzphilosophen, der dem Erzrationalisten Descartes durchaus nicht die existenzielle Bedeutung absprach, weil er das klare menschliche Bewusstsein für wichtiger hielt als alles archetypisch Unbewusste, welches so beliebt ist, weil es so schön bewusstlos schlägt.

+ + +

Logik ist für **Hegel** formale Metaphysik :
„ … Metaphysik heißt nichts anderes als der Umfang der allgemeinen Denkbestimmungen, gleichsam das diamantene Netz, in das wir allen Stoff bringen und dadurch verständlich machen."
(„Was heißt abstrakt?")

„Wer in den feinen Strichen der Logik nicht die Unruhelinien der Sehnsucht aufgezeichnet sieht, wer in dieser scharfen Seismographie nicht das Beben unter der Rinde, die Spannungen des Umtreibenden hört, verwechselt die Logik mit einem Herbarium von Redeblumen oder nur, positivistisch, von Tautologien." (Ernst **Bloch**)

Ist die **Entscheidungslogik** auch als **Modallogik** darstellbar und umgekehrt? Beispiele :
! p (p entschieden) = N M N p
(unmöglich nicht Faktum p) = L(ewis: notwendig)

Notationen : p+q (Konjunktion)
? p (unentschieden) = M(öglich) p
oder : Mp + MNp = M Z = C(ontingent)..

Einfach unentschiedene Unentschiedenheit :
? ? = M(M) : Widerspruchsfrei und vereinbar mit M.

Mp + MNp (Mp + MNp) = CC (Kann es sowohl wahr als auch falsch sein, dass p sowohl wahr als auch falsch sein kann?) etc. Oder anders gewendet:

? p = MNp = Z(ufällig) p :
Z unvereinbar mit MN(MN) = ZZ etc. :

? ? p = MN(MN) = M(NMN) =
M L p (p möglicherweise notwendig : ZZ)

ZZZ p : X X X p = MN(ML) = M(NML) = MLNL
(möglicherweise notwendig zufällig)

Ist "Zufälligkeit" (Z = LZ = NL) also als endliche und "Möglichkeit" (M = MM = LM = ZN) als eine „unendlichfach iterierbare Unentschiedenheit"
(Hermann Schmitz) darstellbar ?

Die Popdiva und ihr Schweinehund
"German Frauleinwunder bis 1949 in Paris

Queere Frauchen
mit Wauwauchen,
und die lila Super-Diven hieven
Schweinehunde von sich weg
in den neuen #MeToo-Dreck?

Wie fing das alles an,
wo, womit und wann?
Oui, "Le deuxième sexe"
gebar die neue Hex',
diese macht' den Mann perplex
und einen Impotenzkomplex?

"Die Frau wird nicht als Frau geboren",
zum Opfer wird sie auserkoren,
ER zieht sie an den Eselsohren,
und ist sie nicht gewillt,
dann wird sie halt gedrillt:
Eva wird zur Frau gemacht
und dann als Hure ausgelacht?

Ihr halbes V*ivre-Savoir*
hat *"Emma"-Chefin von Beauvoir.*
"Poulou" Sartre und Simone,
er war ihre Wonn' und Sonn',

doch ein "lausig Amateur"
bei jedem zugeführten Gör,
der Frauen lieber masturbierte
und nur lustlos penetrierte,
da "Castor" ihn kastrierte?

Ein perfides Pärchen,
Dämchen und ihr Herrchen,
Lehrer an den Oberschulen,
die um Schülerinnen buhlen
und sie schnöd missbrauchen,
der "Exi" und sein Frauchen.

Um *Ihn* nicht zu verlieren,
gab sie ihm Mädchen zu verführen:
Psychisch ganz verwachsen,
wurden beide nie erwachsen,
Madame und das Genie,
Familie ward das nie.
Seine klügste Freundin
war seine schlauste Feindin.

DAS war das kinderlose Elternpaar
der ganzen heut'gen Frauenschar!
Und was Wunder:
Die Liebe ward zum Plunder.

Ein himmlischer Supermann zur lila Superdiva

Der typisch deutsche "Übermensch",
kein herzensguter, lieber Mensch,
ein kleiner Abgott ist er sich,
und für Schrott hält er nur dich.

Was lieber nicht zu kränken ist,
doch größer nicht zu denken ist
und menschlich nie zu lenken ist,
(auch nie von schiefen Superdiven)
hat alle Höhen und auch Tiefen.

Nur mystische Schwärmer
und nietzschische Lärmer
spielen mit heiligen Namen,
aus denen Geister kamen.

Manche Unterspötter
spielen "Übergötter"
und fressen dann Staub
und werden zum Raub.

Es ist ein wahres Wunder,
dass aller Überplunder
nicht längst in tiefe Unterwelt
hinunter ist und dort verfällt.
Wächst Sein Ebenbild, der Tropf,
dem Schöpfer langsam über'n Kopf
und zieht am eig'nen Schopf und Zopf
sich aus dem Kannibalentopf?

Ist ein lieber Gott
nur ein "Übergott"?
Über "Übergott" iss' "Jott!"
Er reisst aus jedem Trott-Plot
mich wunderlichen Hundsfott.

Ziehen da "apokalyptische Reiter"
nun weiter – und weiter?

Ist da noch jemand?

Ein Bergsteiger rutscht plötzlich aus und kann sich gerade noch an einem winzigen Felsvorsprung festhalten. Als seine Kräfte nachlassen, blickt er verzweifelt zum Himmel und fragt : "Ist da jemand?"
"Ja."
"Was soll ich tun?"
"Sprich ein Gebet und lass los."
Der Bergsteiger nach kurzem Überlegen :
"Ist da noch jemand?"

Der fragende Bergsteiger glaubt wohl an vier mögliche Antworten statt nur einer einzigen :
1. „Ja, hier spricht noch sein Gegenspieler mit einem besseren Angebot."
2. „Nein, hier gibt es nur mich und dich allein."
3. „Nein, hier hörst du nur deine eigene Stimme, du Spinner!"
4. Oder der Bergsteiger hört gar keine weitere Antwort. Das ist auch eine.

Nun kann unser armer Freund noch so etwas wie „Pascals Wette" abschließen, dass der mögliche Verlust von begrenzter Lebenszeit so gut wie nichts sei gegen einen möglichen unendlichen Gewinn der Ewigkeit. Wenn es „da oben" etwas gibt, bist du gerettet, und wenn da nichts ist, versäumst du hienieden auch nicht so viel.

Von der Beantwortung dieser Witzfrage hängt aber nicht gar so viel ab, leider oder zum Glück. Da der Bergsteiger nicht mehr allzu lange auf menschliche Retter warten kann, bleibt ihm gar nichts anderes übrig, als weiter um Hilfe zu rufen, bis ihn die Kräfte verlassen, oder mit dem Mut der Verzweiflung in die Arme des Retters zu springen, bevor er ohnehin abstürzt. Ob nun Gottvertrauen, Welturvertrauen oder Selbstvertrauen : fall oder spring! Der Fall allerdings ist wohl in jedem Fall tödlich, der befohlene Sprung ins Ungewisse aber vielleicht nicht.

Die Stimme verlangt keine Vorleistung, sondern nur um ein Gebet wird gebeten. „Bittet, so wird euch gegeben". Nicht : Handelt und schuftet, dann wird's uns gegeben. *Sehet die Lilien auf dem Felde, sie säen nicht, sie ernten nicht und werden doch erhal-*

ten. Wenn ihr meine Bitte um Betteln erhört, werdet ihr wissen, wer euch gegeben hat, nicht eher.

Aber warum hat dieser Blödmann sich überhaupt ohne Not in diese Notlage gebracht und kraxelt freiwillig in den Bergen herum, statt auf dem (fliegenden) Teppich zu bleiben? Was sucht er dort oben anderes als den Sturz in den Abgrund? Selber schuld, das Mitleid hält sich in Grenzen. Hoch-Mut kommt vor den (oder dem) Fall! Also bleibe hier unten und nähre dich redlich, statt dich voller Hybris mit den Himmlischen zu messen?

Ist da oben noch jemand mit einem besseren Angebot? Satan *(Scheitan)*, der alte Widersacher und Diabolos (Durcheinanderbringer), verspricht sicher immer das Blaue vom Himmel herunter und fordert dafür nur so etwas wie die „unsterbliche Seele", an die heute ohnehin niemand mehr glaubt, der noch bei Verstand ist und nur noch an den Leibesfraß für die Würmer glaubt - also mutmaßlich unser neuheidnisch freigeistig denkender und aufgeklärter Bergsteiger.

Oder ist die in Aussicht gestellte Rettung nur das Angebot eines geltungssüchtigen Betrügers, der von Gutgläubigen angebetet werden will und − vielleicht doch einen besseren und mächtigeren Gegner hinter sich hat?

Oder hört der Bergsteiger nur noch psychotische Stimmen in seinem Wunschdenken? Wenn aber „alles nur subjektiv" ist, wie man heute glaubt, wenn ich mir nur einbilde, mit meinen bloßen (solipsistischen oder kollektiven) Halluzinationen allein zu sein? Kann ich mir sicher sein, ob noch etwas „wirklich" existiert jenseits meiner Imaginationskraft? *Samuel Johnson* riet jemandem, der so redete, einmal mit dem Fuß in voller Wucht gegen einen großen Stein zu treten; der nicht wegzuhalluzinierende Schmerz werde ihm den Beweis schon erbringen. Und wer von „Hallus" gepeinigt wird und doch weiß, dass es nur „Hallus" sind, ist ihnen hilflos ausgeliefert, ohne noch ein belastbares Wahrheitskriterium zu haben.

Wenn ich nur noch an meine Wunschwelt glaube, wird das „Realitätsprinzip" (Freud) mich schmerzhaft daran erinnern, dass Seifenblasen daran zerplatzen. Kann ich aus meinem Alptraum nicht erwachen und bin nicht sicher, ob es nur ein Alptraum ist, muss ich warten oder verzweifelt sterben, also wohl umsonst gelebt haben. Ob nun bloßer Alptraum oder bloßer Wunschtraum, aus dem man (nicht) erwachen kann oder will, die Aporien und Paradoxien einer generalisierten Subjektivität aller Urteile sind erdrückend; Logiker haben das durchgespielt. Zum Glück spricht unser Naturinstinkt gegen solch überzogenen „Idealismus".

„We never advance one step beyond ourselves", schrieb der Skeptiker *David Hume*, und erst der davon beeindruckte *Immanuel Kant* glaubte, in den „synthetischen Urteilen a priori" der Naturwissenschaft einen Ausweg aus der puren Immanenz des menschlichen Bewusstseins gefunden zu haben. Die „antimetaphysischen Neopositivisten" heute bezweifeln das aber wieder mit guten Gründen.

Letztlich ist es zum Glück gleichgültig, welcher der Versionen der Bergsteiger sein Vertrauen schenkt, um seine Haut zu retten, ob er an eine Realität oder Metarealität außerhalb seiner Vorstellungswelt glaubt oder nicht. Bin ich mir nicht sicher, ob ich mich auf meine Vermutungen verlassen kann und gleichwohl eine Entscheidung nicht vertagen kann, muss ich auf gut Glück wählen.

Der Bergsteiger an der Bergwand, der die Möglichkeit in Erwägung zieht, mit dem Teufel, einem Dämon oder nur seinen eigenen Angsthalluzinationen zu sprechen, tut gut daran, nach einem anderen Helfer zu rufen. Spreche ich nur mit mir selbst oder mit einem Teufel (also mit beiden zugleich), bin ich verloren, auch wenn ich scheinbar gerettet werde, denn die „ganz-andere Realität" jenseits davon wird mich jederzeit schmerzhaft überraschen können, wenn ich sie nicht mit auf meiner "Rechnung ohne den Wirt" habe. Der kleine Witz verbirgt also einige Abgründe des Denkens.

René Descartes konzedierte, dass ein mächtiger Betrüger uns die Existenz der Welt vorgaukeln könne. Sicher sei nur, dass derjenige existieren müsse, der auch nur bezweifle, ob etwas existiere, - oder daran verzweifle. Müssen Existenzbezweifler eine mehr als bezweifelbare Existenz führen? Dagegen wieder gab der Witzbold *Lichtenberg* zu bedenken: Cogito, ergo cogitatio, non sum.

„Ist da *noch j*emand?" Wenn ein Dritter sich meldet, kann ich weiterfragen und verhandeln. Wenn die Stimme „Nein" sagt, „Ich bin der Einzige hier", kann es ja immer noch meine eigene Stimme im psychotischen Selbstgespräch sein. Aber macht das praktisch einen so großen Unterschied, wie der neuzeitliche „Aufkläricht" glaubt? Hilf dir selbst, dann wird dir ein Mächtigerer geholfen haben, doch hilft dir ein Mächtigerer, wirst du dir nicht selbst geholfen haben können.

Erinnert die skeptische Frage dieses Bergsteigers nicht von fern an die Frage, die der alttestamentarische Abraham nicht hätte stellen dürfen, als er mit seinem einzigen (ehelichen) Sohn Isaak allein in der Wüste war - am Berg Moria? Der Wohnort dessen, mit dem Abraham spricht, ist ein Wüstenberg, nicht die Stadt oder eine grüne Au. 40 (vierzig) Jahre Wüstenwanderung eines ganzen Nomadenvolkes dann später als Vorwand - oder als Ziel des Ganzen, wird es (ver)heißen. Der Anführer dieses Nomadenstammes wird mit einem „brennenden Dornbusch" in der Wüste sprechen.

Der schwache Abraham war bereit, den Vertrauenstest zu bestehen. Er war bereit, dieser Befehlsstimme um der vorigen Verheißung willen seinen ehelichen Sohn *Isaak* zu opfern - wie vorher seiner eifersüchtigen Gattin *Sarah* seinen unehelich Erstgeborenen *Ismael* (mit der in die Wüste vertriebenen schwarzen Sarah-Sklavin Hagar, die dann himmlisch beschützt wurde) ...

Hören sie nur Stimmen wie Irre, schizophren abgespaltene Teile ihres eigenen Innenlebens, wie die aufgeklärte Moderne felsenfest glaubt und Antipsychotika verschreibt, um keine grausamen "Gummizellen" in "Klapsmühlen" mehr bemühen zu müssen? War Saulus nur ein Epileptiker gewesen, als er Paulus wurde?

Der Däne *Sören Kierkegaard* hat dieser Frage des Witz-Bergsteigers 1843 seine berühmte Schrift „Furcht und Zittern" gewidmet. Sein Vater hatte in der Jugend als armer Hütejunge den Ewigen verflucht und glaubte sich später dafür ironisch mit großem Reichtum bestraft. Wie, wenn Abraham sich irrte, irre ging und nur verdammtes Glück hatte?

Der Protestant gegen die protestantische Amtskirche *Kierkegaard,* ein Christ wider das Christentum, ging zurück auf den Frühkirchenlehrer *Tertullian:* „Credo, quia absurdum". Ich glaube, *weil* es widersinnig und unvernünftig ist, und nicht etwa, *obwohl* es unsinnig ist. Absurdität wird in "höheren" Fragen zum einzigen Wahrheitssiegel: Größere Vernunft der Weisheit sprengt die kleinere Zweckvernunft der Schlauheit. Vertrauen in die Stimme von oben in der Wüste ist kein Resultat eines vernünftigen Schlusses und besonnenen Entschlusses, sondern das "existenzielle Wagnis" eines verzweifelt absurden „Sprungs in den Abgrund". – Kierkegaards Leibgegner, der rational trockene Hegel, hätte im Grabe rotiert. Und Kierkegaard konnte selbst nicht "glauben", wie er offen gestand.

Ein Knecht, der seinem Herrn bedingungslos gehorcht, wird beschützt vorm Rest der Welt und besonders vor allen anderen Herr(schaft)en. *„Schutz gegen Gehorsam"* lautet die einschlägige Handelsvertragsklausel sowohl mit Gottvater wie mit Vater Staat und Landesvätern bis heute. Wer nicht pariert, ist geliefert. Wer pariert, dem wird geliefert. Nur der Kismet-"Gottesknecht" werde Herr über alle Herren der Welt.

Der Forscher glaubt mit seiner forschen Urteilskraft an die Existenz einer prüfbaren Außenwelt außerhalb seiner Einbildungskraft, aber nicht mehr an die Existenz einer Außenwelt dieser Außenwelt, die er mit Nietzsche „Hinterwelt" nennt – eine bloße Ausgeburt unserer Innenwelt.

Hätte Abraham ganz menschlich gezögert und die Bergsteigerfrage gestellt, hätte er seinen Isaak vielleicht auch gerettet, aber jede weitere Hilfe dieses himmlischen Bundesgenossen verspielt, dem er nicht bedingungslos vertraute. Denn es genügt nicht zu glauben, dass dieser Nothelfer auch außerhalb unserer Wunschwelt wirklich und wirksam existiert. Solch persönliches Glaubensvertrauen in Unsichtbares verlangt etwas mehr ab als ein hypothetisches Für-wahr-halten bei heutigen Wissenschaftlern.

Aber der arme Bergsteiger im philosophischen Witz ist ja auch kein Stammvater dreier Weltreligionen, nicht einmal ein Abraham-light, sondern ein moderner Skeptiker, dessen weiteres Schicksal nicht ohne Grund ungewiss ist.

Ist dieser Metaphysiker-Witz nun genügend witzlos totkommentiert?

+ + +

„Die ganze Fakultät nennt sich zwar philosophisch, aber die Philosophie gibt es eigentlich nicht mehr."
(Karl Löwith)

Tiefer Fall als Aufstieg?

Warte, armer Klettermaxe,
nicht auf schnelle Retter-Faxe!
Auf Himmelstimme sollst du setzen,
sonst wird dich dein Sturz zerfetzen.

Doch wachsen dir Flügel
wider die Erdenprügel,
bist du mit (d)einem Knall
schon im freien Fall.

"Bittet, so wird euch gegeben" ,
und das bedrohtere Leben
wird sich mal so eben
in die Luft erheben
oder gleich daneben?

Bete nur und springe,
bring dich aus der Schlinge
und ein *Tedeum* singe,
auf dass es dir gelinge.

Doch wenn du halluzinierst
und nur vor Panik delirierst?
Dann fällst du auf die Fresse,
hörst die eigene Totenmesse.

Wenn dich Satan nun betrügt
und dann deine Seele kriegt?
Er rettet dich ganz schnelle,
doch allein für seine Hölle.

Doch hat der Klettermax nur Wahl
zwischen Lebens- oder Todesqual?
Verbirgt der Gute ihm den Bösen,
ist Satan nun der Gute gewesen?

Hört der Spinner Stimmen,
die doch gar nicht stimmen
und ihn doch bestimmen
und zum Frommen trimmen?

Kommt sein plötzlicher Zweifel
nur vom Verstande oder Teufel?
Springt er nun vom Berg ins Tal,
endet im Himmel all seine Qual ...

Wahrheiten über DIE WAHRHEIT?

Wahrnehmungen geben nur die Wahrheit
von Wahrgebern wieder.

Wenn Materialisten die Wahrheit über Ideale
sagen, sagen nur Idealisten die Wahrheit
übers Materielle.

Die nackte Wahrheit würde mehr geliebt,
wenn sich mit ihr schlafen ließe.

Im Wein liegt die hundertprozentige Wahrheit
der Winzer und Säufer.

Urteilswahrheit ist auch nur Konformismus :
Anpassung des Kopfes an die Welt,
wie sie nun einmal ist.

Was ist Wahrheit? Die größte Applausibilität.

Pflicht zur Wahrheit ist Diktatur,
Demokratie ist Recht auf eigenen Blödsinn.

Ich sage dir die Wahrheit nicht ins Gesicht, wo
ich dir in die Larve lüge, und Wahrsager sagen
dir die Wahrheit, aber nur ins *zweite Gesicht*.

Wahrheit ist wahrhaftig etwas mehr
als ein Fehler bei der Fehlersuche.

Um eine Wahrheit glühend verfechten zu können, genügt es, sie selbst nicht ganz zu glauben.

Wer die Wahrheit nicht weiß, der irrt,
und wer sie sagt, ist irre.

Lebenserfahrung ist die Summe erfolgreicher
Bemühungen, aus der Wahrheit eine Jugend-
torheit oder Kinderkrankheit zu machen.

Wahrheit ist eine Minderheit,
die eine Mehrheit terrorisiert.

Im Paradies durfte Eva nicht die Wahrheit,
im Bett aber ihren alten Adam erkennen.
Wenn wir alle von Adam und Eva abstammen,
ist jede Liebe verbotener Inzest?

Denken fällt so schwer, weil es das Leben
erleichtert, und wer Wahrheit sucht,
ist kein Utopist, sondern eine Utopie.

Marx wollte die Welt nur verändert wissen,
bis zur Erkennbarkeit der Wahrheit.

Wahrheiten wollen wie Lügen verbreitet
werden, um Gehör zu finden.

Wer die Wahrheit über Flüsse sagt, vereist sie.

Die Wahrheit besteht im Leben darin, dass man
über Unsinniges auch nur Unsinn redet.

In Wahrheit werden bewährte Irrtümer
bewahrheitet wie Wahrheiten belogen.

Irren ist menschlich. Dann aber ist Wahrheit
laut Nietzsche als unmenschlich zu bekämpfen.

Wahrheit : Realitätsplagiat.

Lüge behält die Wahrheit und Aufrichtigkeit
ihre Verlogenheit für sich.

Toleriert wird nicht mehr, dass eine *absolute
Wahrheit* toleriert werden will und kann.

Wissenschaft irrt oft so gekonnt,
dass sogar Wahrheit an ihr irrewerden kann.

Und die Wahrheit von Wahrheitsbeweisen?

Wahrheit heißt: Die Stimmung stimmt bestimmt
mit dem überein, was stimmt, aber verstimmt.

Wer die Wahrheit weiß, will keine Demokratie.

Logik ist in Wahrheit überall,
also in Wirklichkeit nirgends.

Die Wahrheit siegt am Ende, wie Pyrrhus.

Darfst du über die ganze Wahrheit urteilen,
ist sie dir unterworfen, also falsch.

Lügen müssen plausibel wirken,
Wahrheiten paradox.

Wer Wahrheit will,
braucht keine eigene Meinung.

Wahrheit ist der einzige Besitz,
der keine Tür öffnet.

Jeder hat was zu sagen,
und sei es nur die Unwahrheit.

Sadisten sagen immer die Wahrheit.

Keiner will die Wahrheit wissen.
Sie trägt keinen Stempel „Streng vertraulich!".

Etwas wird so oft widerlegt,
bis seine Wahrheit bewiesen scheint.

Nur der Lügner will und muss
die Wahrheit kennen.

Die Wahrheit ist in dem Irrtum befangen,
mit ihm nicht koexistieren zu können.

Die Wahrheit kann man eher in Gewahrsam
nehmen als wahrnehmen.

Wahrheitsliebe ist gewöhnlich eine neurotisch
gehemmte Libido mit notorisch schlechtem
Gewissen.

Dem Aphoristiker fällt zu Binsenwahrheiten
noch Originelles ein, nicht zum Sonderbarsten
noch eine Phrase.

Wer die Wahrheit eine Wahrheit nennt,
lügt schon.

Der Realist sieht nicht die nackte Wahrheit,
sondern nur die ausgeweidete.

Die Wahrheit ist zu sagen nur unter Folter,
nie über Folterer.

Wahrheit ist ein Tyrann ohne Truppen,
Wirklichkeit ein Heer ohne Führer.

Weise stehen einen Meter vor der Wahrheit,
Aphoristiker einen Zentimeter dahinter.

Gesicherter sind Erkenntnisse heute vor alten
Wahrheiten als vor neuen Irrtümern.

Der Aphorismus wird ein Sprichwort,
wenn niemand sich mehr vorstellen kann,
dass die Binsenwahrheit mal ein Paradox war.

Freiheitskämpfer gehorchen keiner Wahrheit,
Wahrheitssucher dulden keine Willkür.

Ist jede Wahrheit die Schmerzproben wert,
in denen sie sich bewährt?

Eine Wahrheit verdeckt besser als jeder Irrtum
die tieferen Wahrheiten hinter ihr.

Kein Paradox ist wahr, doch warum
wirkt Wahrheit fast immer paradox?

Nicht wenige Geisteswerke sind kritisch,
präzise recherchiert, aufrichtig und authentisch,
tolerant und pluralistisch, besonnen und
humanistisch und doch nicht die Wahrheit.

"Es gibt keine absolute Wahrheit" über uns,
sagen die absoluten Herrscher.

Hört er Lügen über sich, ist jeder so empört,
als hörte er die Wahrheit über sich.

Die ganze Wahrheit über das Sein könnte
kein *Heidegger* sagen, sondern nur das Nichts,
und das hat auch bei ihm nichts zu sagen.

Die Zukunft wird nur Beweise liefern, dass wir
zu Recht die Wahrheiten von heute schon heute
als Vorurteile von morgen betrachten dürfen –
und die Beweise als Vorurteile von übermorgen

Warum hüten Wahrheiten oft besser
als Lügen unsere Geheimnisse?

Verbreitest du Lügen über mich,
verbreite ich die Wahrheit über dich.

Was verrohte Länder an Rohstoffen gewinnen,
sind ja in Wahrheit edle Fertigprodukte,
die in Fabriken zerstört werden.

Wahrheit ist Übereinstimmung des Hirns,
das unsere Naturbilder produziert,
und der Natur, die unsere Hirne produziert hat.

Aphorismen mögen bloße Halbwahrheiten sein,
und Wissenssysteme geben die restlichen
Halbirrtümer ab.

Tolerieren kann man dumme und feige
Irrtümer, die nackte Wahrheit braucht mehr.

Intellektuell ist der Zweifel,
ob man um der guten Sache willen lügen
oder ihr um der Wahrheit willen schaden soll.

Sind Schwarze, Rote oder Gelbe die Wahrheit
der Weißen?

Ist eine Wahrheit das Recht, ihre unbelehrbaren
Gegner geisteskrank zu schreiben?

Die Idee, die Wahrheit besitzt, ist ohnmächtig;
die Idee, die Macht besitzt, ist unwahr.

Werbeanzeigen lügen, verraten aber die letzte
Wahrheit der Medien.

Es ist vernünftig, sich der Wahrheit zu unterwerfen. Wer sich überhaupt unterwerfen will,
muss das, dem er sich fügt, als wahr erweisen.
Was dazu dient, heißt Vernunft.

Keiner ist der Wahrheit näher,
als wer etwas Grundfalsches denkt.
Die meisten bringen es nur zum halben Unsinn.

Eine realisierte Wahrheit wird falsch,
eine praktikable Lüge aber wahr.

Bedient die Lüge sich der Wahrheit,
dient das Wahre noch keinem Wahn.

Solange dir jeder die Wahrheit sagt,
gehörst du noch zur Unterschicht.

Enthauptete Hirnforscher behaupten,
dass das Gehirn hauptsächlich seine Macht
und keine Wahrheiten behauptet.

Ewige Wahrheiten langweilen uns mehr
als das ewige Leben.

Was jeder als erstes in seinem kurzen Leben
findet, ist die letzte Wahrheit, dass er versuchen
soll, sie nicht lange und lange nicht zu suchen.

Eine kleine Bosheit ist noch keine große Güte,
doch eine große Wahrheit immer nur
ein kleinerer Irrtum.

Mancher erfindet die Wahrheit,
wo er die Falschheit entdeckt.

Wer der Wahrheit wehren will,
warnt vor der Lüge – und umgekehrt.

Freiheit lässt sich durchaus in Zwangsatome
zerlegen, Gerechtigkeit in Unrechtsquanten ,
die ganze Wahrheit ganz in Molekularlügen.

Nicht jede Enttäuschung ist eine Wahrheit.

Du hast die Wahrheit schon gefunden.
Sie sucht dich noch.

Es gibt nur grobe Wahrheiten. Oft differenziert
man nur, um eine Wahrheit zu verwässern.

Es ist besser, durch absolute Wahrheit befreit zu
sein als von absoluter Freiheit gefesselt.

Kunst ist nicht Heideggers „Ins-Werk-Setzen
der Wahrheit", sondern der unbewussten Un-
wissenheit, seit unser Urwissen verloren ging.

Wer Güte sucht, sucht nicht mehr Schönheit,
wer Schönheit sucht, nicht mehr Wahrheit,
und was wahr ist, ist kaum mehr *gut und schön*.

Tatsachen und Wahrheiten kleiden sich oft in
Nacktheit und enthüllen sich in Lug und Trug.

Beweisen lässt sich Lüge mit Wahrheit
eher als Wahrheit mit Lüge.

Güte und Bosheit, Armut und Reichtum,
Dummheit und Klugheit, Wahrheit und Lüge
sind auch Satiren aufeinander.

Ich sehe vor allem das Körnchen Wahrheit
in meinen vielen Irrtümern und die Berge
von Schutt über deinem Goldkörnchen.

Ein Philosoph wird von Vater Staat dafür
bezahlt, dass er mit der reinen nackten Wahrheit
schläft, ohne sie zu heiraten und zu schwängern.

Man will die Wahrheit hören, weil man lieber
lügt als belogen wird, und nicht, weil man
lieber irrt, als irre wird an ihr.

Und es gibt wenig Gutes in der Welt. Das ist
am Besten das Schlimmste. Es gibt viele Wahrheiten. Das ist das Falsche an der Wahrheit.

Wer die Wahrheit findet, erwirbt das Recht,
ihr Märtyrer zu werden.

Demokratie diktiert Moden
und lässt über objektive Wahrheit abstimmen.

Nothink is nothing. Plato setzte die eine Wahrheit über die eine Welt gegen sophistische Wahrheiten über atomisierte Welten.

Heute darf man die Wahrheit sagen,
aber nur noch sie.

Aphoristische Halbwahrheit gilt als intransparente Halblüge. Die ganze Wahrheit sagt nicht, wer Bruchstücke zusammenfügt. Man weiß nie, wie viele fehlen und ob sie ganz passen.

Gibt es die reale Außenwelt oder nur Hirngespinste? Stammst du von Gott oder von Affen ab? Habe ich Glück oder Krebs? Dem gesunden Menschenverstand liegt die Wahrheit auch hier in der Mitte.

Was Wahrheit nicht mehr in den Mund nimmt,
nimmt Lüge in die Hand.

Wahrheitsliebe mag sadistisch sein,
doch nicht jeder Quälgeist wissensdurstig.

Schlechtgesagte Wahrheiten
sind noch nicht gutgesagte Lügen.

Der Wahrhaftige ist eher der Leibhaftige
als Klugheit schon die Wahrheit.

Wer auf Widerstand stößt, erfährt eher
die Wirklichkeit als die Wahrheit über sie.

Wahrheiten und Lügen
können einander beweisen.

Zeitlebens werden wir an Irrtümern,
Lügen und Wahrheiten gehindert.

Am liebsten beweist dein Verstand deine Irrtümer, widerlegt dein Gefühl deine Wahrheiten.

In Wahrheit oder in Wirklichkeit gilt Wahrheit
nur als nackte Realität oder Wirksamkeit.

Die Wahrheit über beide
steht zwischen dir und der Welt.

Gibt's Wahrhaftigkeit ohne Wahrheit
wie Richtigkeit ohne Aufrichtigkeit?

Keine Wahrheit über Wirklichkeit ohne
Selbstenttäuschung des Selbstbewusstseins.

Wahrheitsfindung :
In dubio pro teo contra meum?

Wahrheit wirkt als Illusion, ihr durch
Desillusionierungen nahe genug zu kommen.

Die Wahrheit liegt nur in (der Nähe) der Mitte,
um die sie oder die um sie herumeiert.

„Mein dunkelstes Geheimnis"

(Auszug aus Th. W. Adornos Tagebuch 1933)

„Das Volk ist auf der Straße, überall Gemeinschaftlichkeit und Aufbruchstimmung. So muss es 1918 gewesen sein! Nun haben wir sie, die deutsche Revolution! Die Genossen vom Institut sind zu kritisch, der primitive erste Anschein der Bewegung trübt ihren Blick. Der alte Fehler der „kritischen Kritiker". Wir dürfen gerade jetzt nicht aufgeben, sondern müssen am Ball bleiben. Was dieser neuen Bewegung fehlt, ist eine Philosophie. Ich kann der Philosoph der Bewegung sein. Im Kierkegaard-Buch bereits Spuren gelegt. Marcuse für Kooperation mit Heidegger gewinnen. Verbindung zur Partei herstellen. Vielleicht Überläufer von der KPD?"
(Februar 1933)

„Genau so, wie wir erkennen müssen, dass das Sozialistische nicht ohne das Nationale denkbar, sie, dass das Nationale nicht ohne das Sozialistische. Nationalsozialismus Synthese, strenger Hegelianismus – aber durchaus materialistisch. Sie werden uns als Bündnispartner gegen die Liberalen und die Trusts brauchen. Sie werden noch darum betteln, dass wir für sie schreiben. Nur Geduld."

„Hier wird bei aller Phraseologie doch einiges Richtige und Wichtige festgehalten. Es geht ja um die Autonomie der Hochschule. Die Tendenz klar, Klassengegensätze zu versöhnen, Entfremdung der Universität vom Leben aufheben. Ich könnte dasselbe Programm für Frankfurt artikulieren, nur auf dem Boden eines strikten dialektischen Materialismus. Sofort Exemplar des Kierkegaard-Buchs an H[eidegger] senden!"

„Sie haben doch alle Nietzsche gelesen: Nur in Verbindung mit uns Juden kann Deutschland zur Weltmacht werden. Wir haben Geist und Geld, sie haben Ordnungssinn, Organisationsvermögen und militärisches Talent. Athen und Rom. Gemeinsamer Kampf für die Kultur. Der Westen muss verteidigt werden. Hauptfeind im Westen London / New York, im Osten Moskau. Schluss mit dem elenden Dasein als „ewiger Jude" – im neuen Reich gerade für uns Heimat. Gerade wir sollten uns hinter Hitler stellen. Palästina als deutsche Kolonie, Heimat für Ostjuden. In der Tat zu viele, zu arm. Stinken. Wir Geistes- und Geldadel."

„Hauptgefahr auf musikalischem Gebiet der Einfluss des Ostjuden, des Zigeuners, des Negers. Verrohung. Erbe von Jahrhunderten abendländischer Tradition in Gefahr durch Dekadenz. Schönberg Gipfelpunkt dieser Tradition, muss gegen den Ansturm verteidigt werden. Militär- und Parteimärsche in 12-Ton-Musik schreiben. Vielleicht doch Komponist werden? Endlich Lücke zwischen Avantgarde und Arbeiterschaft kitten. Schönberg gegen die Anarchie der freien Atonalität und die Barbarei des Expressionismus wie Hitler gegen den Liberalismus und die Trusts. Gleichheit der Töne wie Gleichheit der SA-Leute. Kameradschaft. Kein outsider mehr sein."

„Diese Idioten! Sie haben nichts begriffen! Zu unbedarft, um auch nur ansatzweise ein explizites Verständnis von dem zu gewinnen, was seit 400 Jahren auf dem Weg ist. Deutschland schaufelt sich sein Grab. Ohne mich! Fortan nur noch gegen sie arbeiten. Vielleicht Agent werden. „Was fällt, das soll man auch noch stoßen." " *(Oxford 1934)*

„Die kommunistische Idee ist schön und gut. Doch man muss sie um ein nationales Element erweitern. *Das* nicht der Fehler Stalins. Hier in Oxford viele Sympathisanten mit Hitler und Mussolini. Den Antisemitismus lehnen sie alle ab. Die eigentliche Dummheit der Deutschen. Europa muss gegen Barbarei von Ost und West verteidigt werden.
Die Vision Nietzsches."

Windbeuteleien sesshafter Geistesnomaden

„Denken ist Ethik, Denken ist Aktion." *(Heidegger)*

Zur ganzen *Corona* :
Wer mich liebt, der flieht mich.

Wer sich bei Massenmedien nicht zu Tode
langweilen kann, ist ein schlichtes Gemüt.

Dieselpest wird bekämpft,
um den PKW selber retten zu können.

Hegels Geschichtsgang von der *Logik* über die
Schöpfung zum *Geist* ist lesbar als Gedanken-
gang vom System über das Bonmot zum Heilig.
Geist oder nach Geschichtsende von der Logik
über Liebe zum geistreichen Spiel der Künste.

Man fürchtet Atemnot durch Viren,
nicht durch Auto-Smog.

Lass dich lieber von Autoren gefangen nehmen
als von Feinden und Chefs.

Ziehen dich Sachbücher an, weil Grundbücher
dich abstoßen, oder fliehst du die Geschäfts-
welt, weil du die Geisteswelt liebst?

Der Forscher ist stolz darauf, dass die Realität
gar nicht so aussieht, wie er sie erklärt,
und doch gegen ihn Unrecht hat.

Ich höre nicht zu, was ich rede : zu langweilig!

Ist Intelligenz die Fähigkeit, sich mehr zu langweilen bei eigenen als bei fremden Reden?

Kunst wurde das Talent, gut zu verkaufen,
was keine ist.

Wie lange muss man nachdenken,
um zu begreifen, man ist (k)ein Philosoph?

Künstler reden von Geld, Geldleute von Kunst.

Biologie weiß nicht, was der Mensch ist,
und Religion weiß nicht, was die Natur ist.

Jeder ist der Wasserträger seiner Gruppe,
die nicht sein Wasserträger ist.

Ein Menschenkind kann nicht größer werden,
ohne älter und älter zu werden.

Wann wird die Weite zum Kerker
und das Wohnzimmer zur Welt?

Der Hohlkopf ist die Trommel für Pauker.

Die freie Natur ist nicht viel grüner
als ein Mensch hinter den Ohren.

Kunst ist etwas zu viel Reklame für sich selbst.

Will Spiritualität nicht mehr Geist und Esoterik
nicht mehr Wahrheit sein, wird sie Kunst.

Ist es die größere Ausschweifung,
sie vor sich zu glauben oder sie zu vermissen?

Üben Deutsche Yoga, sind sie gespannt auf
Entspannung und versenken sich – wie Schiffe.

Der *Mona Lisa* wird das mokante Grinsen
nicht so vergehen wie ihren Verehrern.

Pannenhilfe. Haben die reifen Fahrer
einen Platten, helfen ihnen gern die Unreifen.

Volksgruppen tragen auch Modedialekte. Doch
Hochdeutsche trachten nach dem tragbaren An-
zug und keinem einträchtigen Trachtenanzug.

Hysterie ist das Talent, Affekte zu affektieren,
die man gar nicht hat, und auf der Klaviatur der
Gefühle zu spielen, bis man auf sich hereinfällt.

Change Management ist die Technik, alles zu lassen, wie es ist, als habe man es verbessert.

Flachlandbewohner unterscheiden sich eben nicht danach, ob sie lieber zu ihrem *Hausberg* hinaufschauen oder vom Hausberg auf die Welt herabschauen.

Promo non vivere, deinde non philosophari !

Der Aphoristiker gibt Übersicht über alles, was der Systematiker übersieht.

Künstler erfinden keinen Erfinder des Alls, aber entdecken die Verdecker des Nichts.

Ich habe keine Zeit, Geld zu verdienen, und kein Geld, meine Zeit zu verschwenden.

Jeder ist eine bald unterbrochene Unterbrechung der Geschichte.

Unterbricht Kunst die Gewalt nur mit Macht?

Lebe danach, dass du totgesagt
oder totgeschwiegen wirst!

Rauchen ist durch Lungenkrebs bedingt. Der
sollte sich einbilden, hypochondrisch zu sein.

Jetzt oder nie sind Übermorgen und Vorgestern
eins. Es kommt nichts mehr und nichts wieder,
doch alles ist schon da, was je kann und konnte.

Du sollst, was du nicht musst,
und musst, was du nicht soll(te)st.

Warum wird Beziehungs- und Trauerarbeit
nicht bezahlt?

„**ProBo**" : Lumpenproletarische Kulturbohème,
die weder Mittelstands- noch Unterschicht-
berufe ausübt, kein fahrendes Volk, kein Kunst-
zigeuner oder volksfeudaler Caféhaushedonist .

Aktionskünstler sind Kehrseiten von Passions-
artisten. Braucht es Leib(avant)gardisten in Ar-
rièregarderoben oder funktionsfreien Sinn in
unsinniger Funktion f(x)? Was bei Imhoff und
B. Brock Programm bleibt, werde letternweise
Inkonsistenzmoralistik in lebendigen Kristallen,
eine Welt vernünftiger Oxymora gegen sinn-
widrige Allzweckrationalität und vegane Flei-
scheslust. Verändere dein abgeschlossenes Gesamtwerk nicht durch ZuSätze, sondern durch
neue Vorzeichen (künftiger Rekursivamplifika-
tionen). Aphoristische Fluxus-Partituren mobi-
lisieren das reaktivierte Über-Ich gegen entsub-
limiertes und marktverwahrlostes Ubw-Es. Endlich aphoristische Vereinigung von Unendlich-
keit und Endlosigkeit in bildloser Bildung von
Diplompensionären, die Bruchstücke in Rühr-
stücke hauen und dann schauen, ohne zu bauen.
Dachschräger Selbstentwirklichungsaltruismus
vom Laufstall zum Kaufstall von Karfreitag zu
Karstadt oder christliche Heilung durch Selbst-
verunmöglichung in vernichteter Nichtung ohne
Seyn der Kulturraffenden. Wer hat und kennt
seine Identität und Menschenwürde, ohne meine und jedermanns Argumente zu kennen? Kein
Gott zu sein, ist mehr, als kein Wurm zu sein,
und gebildet heißt, wer jeden anderen versteht,
um sich gegen ihn auch definieren zu können.

Avantgarde macht Tradition erst zu Tradition
durch neue Lichtblicke darauf.

In diesem Punkt ähnelt der Ewige ein wenig
der Außenwelt : Man denkt, sich nicht nur
etwas ausgedacht und eingebildet zu haben.

Dialektische Logik : $(3 * 0) = (0 * 0)$
Beide Seiten der Gleichung durch Null
dividiert ergibt : $3 = 0$ (q. e. d.)

Was muss ich wegtun, um zu bleiben?

Weißt du erst in Himmel oder Hölle,
dass du wirklich nur einmal lebst?

Die Reichen bleiben tot wie im Leben.
Starb Jesus also nur für die Armen?

Ohne Überflüssiges arm aber selig,
ohne Notwendiges elend doch heil?

Demagogen versprechen in Krisenzeiten
weniger Tote gegen weniger Wohlstand.

Sind die apokalyptischen Reiter des *Miasmas*
gute Wanderlehrer?

Mit jedem Massentouristen reisen Mikroben,
und Fremdgehen wird endlich lebensgefährlich.

Globalisierung : Draußen ist nicht mehr
der Feind, sondern nur noch der Weltraum.

Wer zu viel macht, kann noch zu wenig tun.

Von der Außenwelt lassen die Physiker und
Techniker sich belehren, um sie beherrschen
zu können, nicht aber von einer transzendenten
Außen-Außenwelt *(„Hinterwelt")*.

Viren erzwingen Solidarität : Ich schütze dich
nur, um mich zu schützen. Immun wird nur,
wer andere zu immunisieren hilft.

Du klaust nichts Gutes, sondern schenkst Böses.

Phlegma ist genug Dynamit
gegen explosive Dynamik.

Eine Sammlung von Aphorismen lässt sich so
gut kürzen wie kein einzelner darin. Jeder ist so
geschlossen wie ein ganzer Band davon offen.

Gegen den (elektrischen) Strom schwimmt
keine Zivilisation mehr, und keine löste das
Klassenproblem; jede ging nur daran zugrunde.

War „Der Satz" (Wittgensteins „Tractatus") als
stahlblau schimmernder *Revolver* deiner frühen
Phantasien eine „*Revolution* der Denkungsart"?

Metaphysik muss schon im Blut liegen,
das den Kopf gut durchblutet.

Friedensstifter sind auch Brandstifter.
Sicher ist gewiss nur nicht sicher.

Freiheit ist nur noch Entschluss, unbelehrbar
eigene Holzwege zu gehen.

Befreien Aufklärungen und Revolutionen
nur noch von geprüftem Menschheitswissen?

Beherrscht uns der Ewige durch unseren
Glauben, selber herrschen zu können?

An*regen bringt Segen* von unten – unaufgeregt.

Gehört der Kultur mein Leib, der Natur
mein Geist und dem Ewigen meine Seele?

Schöpf aus der Schöpfung, erschöpf dich nicht
im Schaffen!

Abtreibung beendet keine Schwangerschaft,
sondern ein Menschenleben.

Was aber nicht stiften geht, stiftet Brand (an).

Friedlich gezeugt, leben wir im ewigen Krieg
und ruhen im vergänglichen Arbeitsfrieden?

Kriege machen uns zur Masse wie *Loveparades*

Naturtalente sind Naturprivilegien
gegen Sozialprivilegien.

Wir waren als Wachs in verwachsenen Händen
unserem Wachstum noch niemals gewachsen.

Der Einzelne *übersieht* das große Ganze
und das große Ganze seine Einzelheiten.

Tiefer als die hohen Tiere steigen,
kann keiner mehr sinken.

Der Reichste ist nicht mehr der Geistreichste,
der Obdachloseste nicht der Gedankenloseste.

Komm auch auf dich zu (sprechen)!

Wirkliches wirkt notwendig und benötigt jeder.
Mögliches und Unmögliches mag keiner?

Kultureller *Überbau* und psychisches *Über-Ich*
sind die Grundlagen des wirtschaftlichen
„Unterbaus" der sozialen Unterschicht.

Was ich nicht im Bauch hab, hab ich im Kopf.

Geboren mit melancholischem Temperament,
etwas anderes zu wollen als etwas ändern zu
wollen, schreibend sich aufzureiben, am Lesen
zu genesen und nicht am Unwesen zu verwesen.

„Die Letzten werden die Ersten sein", und
nicht nur von hinten, sagen auch *Fernerliefen.*

Künstlerisch Fixiertes löst in Reizfluten
und Redeflüssen bald sich auf.

Größerer Verstand der Weisheit verschlingt
kleinere Vernunft der Schlauheit o. u.?

Demokraten rufen nur noch nach der starken
Frau. Ich bin für Diktaturen. Nur dort erwacht
der Freiheitsdurst.

Frei ist nur, wer weder Herr noch Knecht ist,
sondern Gesellschaften im Müll ersticken lässt.

Auch in freien Gesellschaften oder gegen sie
gibt es kein unverwechselbar freies Individuum.

Schuf der große Gott die Menschen zu kleinen
Göttern, die sich zu seinen Affen machen?

Federn kann man lassen oder mit ihnen
schreiben und fliegen zugleich.

Alles Riesige auf Erden muss teuflisch,
alles Geringe kann göttlich sein.

Frieden ist nur Fronturlaub im ewigen Krieg –
oder Friedhofsruhe.

Man findet etwas,
weil man Gesuchtes nicht findet.

Die Gesellschaft beschützt und bedroht
den Einzelnen durch dieselben Maßnahmen.

Individualität ist absonderlichste Mischung
allgemeinster Bestimmungen gegen sie.

Freier Wille ist die Mohrrübe
vorm störrischen Esel, der den Karren zieht.

Ist der Ewige der Einzelne schlechthin,
ein und alles? Sein einzelnes Ebenbild
ist das Bruchstück als ein Ganzes?

Wer nicht für andere schuften will,
muss handeln, doch wer nicht töten kann,
muss schuften für Mörder.

Auch ein "Verein freier Menschen" *(Marx)*
fesselt einen jeden.

"Insider" sind angefeuerte Rivalen,
Außenseiter verstehende Zuschauer.

Wenn der (Rede-)Fluss gegen seinen Strom
schwimmt, wird er Romantiker oder Journalist.

Ich weiß nicht, ob ich es glaube, glaube aber
zu wissen, dass nicht getan wird, was ich tue.

Tragisch ist, dass man nun schon tragisch nennt,
was nur traurig ist. Im Zeitalter der technischen
Lösungen gilt es als tragisch, sie nicht nutzen
zu können.

Moderne Tragik wird immer komischer,
da die Folge eigener Dummheiten
wie ein blinder Schicksalsschlag wirkt.
.

Unverdient schuldig werden müssen? Tragik
wird nicht mehr von Tragödien (in Theater-
kirchen oder Kirchtheatern) bewältigt,
sondern technisch oder popkulturell zugemüllt.

Ohne „Lazarettpoesie" *(Goethe)*

Erziehung zur Freiheit befreit von Erziehern.

Fortschritt ersetzt Reifen durch ewige Jugend.

Die Alte Welt exportierte ihre Menschenrechts-
utopie, die Dritte Welt ihre Mafia-Clanwelt.

Freispruch ist kein Justizirrtum,
sondern eine Begnadigung.

Nur ein Gottesknecht wird seiner Herren Herr.

Gesetz : „Die Wörter sind da, es fehlt noch
der Satz", nicht der ganze Aufsatz.

Krank oder nur gekränkt? Meine Ziele
sind nur Wege – zu Wüstenwanderwegen.

Die freie westliche Welt tendiert zur "verwalteten Welt" (Horkheimer), die von Verwaltungsexperten wie N. Luhmann systemtheoretisch korrekt beschrieben wird : als "stählernes Gehäuse" (Max Weber) der modernen Zivilisation ein technisch voll durchorganisiertes *„Sodom & Gomorrha"* (dessen Ende bekannt sein sollte).

Vom Kloster zur Quarantäne : Einsiedler, Inkluse, Eremit, Klausner, Recluse, Anachoret ...

„Philosophische Spekulation" soll von interdisziplinären Wissenschaften abhängen, die von internationalen Industriespekulanten abhängen, denen nichts mehr heilig ist. Da bleibt sie lieber kritische Hypothesenkunst statt nur nassforsche Ausbeute(r)forschung.

Massenmenschen bilden Menschenmassen und kommunizieren massenmedial.

Vom Kloster zur Viren-Quarantäne : Einsiedler, Inkluse, Recluse, Eremit, Klausner, Anachoret.

Lässt sich Abstruses noch *ad absurdum* führen?

Gesellschaft ist "zwangloser Kommunikations-
konsens" (Jürgen Habermas) zwischen
Herr und Knecht : Kommando und Vollzug.
Das gilt heute als Sozialtheorie der Freiheit.
Gesellschaft ist hermeneutische "Gesprächs-
gemeinschaft" (Gadamer) zwischen Herr
und Knecht : Kommando und Vollzug.

Praktizieren nun Drittweltherrscher ihre importierten Menschenrechte und Ostwestherrscher
ihre importierten Mafiaprivilegien ungestraft?

Entspannend-entspannt. Schön ist heute schon,
was noch immer schlimmer werden könnte.

Ist *Geist* die Fähigkeit, sich nur vom Wesen
einer Sache bestimmen und von ihrem Unwesen
nie bestimmen zu lassen?

Ist SM-Kunst nur Rachephantasie
von Sadismusopfern?

Filmzitate, Sprechblasen-Weisheit für Jedermann : cool und flott, lässig und frech, und – saudumm witzkonformistisch. Filmindustrie ist ein hochsubventionierter Teil der Massenkulturindustrie. Sind die allermeisten Spielfilme mit ihren Affen- und Eselsweisheiten nicht ideologische Wunderwaffen, gegen die es schon kaum noch Abwehr- und Immunsysteme gibt, da sie von ihren unterhaltungssüchtigen Konsumenten gar nicht als virale Ideologieträger erkannt werden? Witzelnd herumgereichte Filmzitate der Kenner wirken in der Regel nur verdummend und verrohend wie die gesamte Popkultur und Trivialkultur. – Filmindustrie ist ein Erwerbszweig zur Behinderung von entwickelten Geschmacksurteilen.

Jeder Verein ist eine gruppendynamische Attacke auf den ewig Vereinzelten auf Erden - das Ebenbild des *ein*zelnen Ewigen im Himmel.

Kategorischer Imperativ : Handle so,
als wärest du schuld an meinem Leid!
Tragik: Du kannst nichts wiedergutmachen.

Ist "Liebe zur Weisheit" geistige Onanie, dann
Liebeslust noch nicht sinnliche Metaphysik.

Lust am Verlust? Sex macht dich zum maso-
chistischen Mittel deines Triebs, der dich nur
missbraucht und keine Verantwortung für Formulierungen mehr übernimmt, sondern Geräte
sprechen lässt, doch reduziert nur Liebe ohne
Philosophie aufs Tier?

Gemeinschaft schafft's, gemein zu sein, doch
meine Ware sucht einsame Wahrheit über ge-
meinsame Unwahrheit aller Vereine & Truppen

Es braucht viel Witz, gute Maschinen
zu erfinden, die keinen haben.

Ist fruchtbare *Selbstverwirklichung* die eigene
Freude, anderen hilfreich förderlich zu sein?

Mittelstand im Vorstand und Wohlstand lässt es
oft fehlen an Verstand, Anstand und Beistand,
doch nie an Abstand zu Volk und Oberschicht.

Der Lahmarsch *(lame duck)*, verkannt als Faul-
pelz und Taugenichts, ist der edle Ritter wider
alle Mobilmacher und Sklaventreiber der Welt.

Nass macht sich ein Angsthase
und lacht sich sein Zuschauer.

Das Schleudertrauma beim Peitschenschlag
in den Nacken entsteht nicht nur beim SM-
Geschlechtsverkehrsunfall, sagen Orthopäden.

Die Restimmunität der SPD gegen den Moskau-
Virus liegt nur noch bei 50 %.

Insolvenzbankrott ist das natürliche Risiko
des Privatunternehmers, sagen Arbeitssklaven,
wie Raubprofit seine natürliche Chance ist,
sagt der Ausbeuter.

Pazifistischer Blockneutralismus.
Führte der *Dritte Weg* des *Dritten Standes* nicht
schon über das *Dritte Reich* in die *Dritte Welt*?

Diabetiker zuckerwürfeln nicht
um süße junge Dinger.

Ist der ehrliche Dumme der einzige
Falschspieler in einem Falschspiel?

WM-Fußballjubel war noch etwas deutscher
als der Wiedervereinigungsjubel.

Den *Mons Veneris* besteigt heut nicht nur ein
Tannhäuser, um zu entdecken, dass der Berg
kreißt und nichts als eine leere Höhle verdeckt.

Nennt ein Lustmolch einen Eunuchen
Lustmolch, handelt es sich oft um Lustgreise.

Jede Insel ist ein Abenteuer im Ozean,
nicht erst durch Liebesabenteuer oder Mumins.

"Donnerstag" war der "Tag des Zeus", germa-
nisch also Donar-Tag des Thor. Gründonnerstag
wurde inzwischen Greenfriday for Fjutscher.

Forscher : graue Labormaus, die einmal im
Leben als forscher Held gefragt sein will.
Lieblingsfutter/Leckerli : Nobelpreis.

Wer Sozialrevolution will, muss nur Fußball
oder PKW verbieten. Der Fußballverein
ist so wenig aphorismenwürdig wie jeder
andere Denksportverhinderungsverein.

„Quarantäne-Brecher!" in Seuchen spalten das
Volk in *Mordsverbrecher!* und *Freiheitshelden!*

Kapital geht aus jeder Krise triumphierender
hervor, denn nur Krise ist sein genialer Motor.
Auch Marx bewunderte das.

Der Mensch ist ein Laienspieler,
der ohne Probenzeit Theater spielen muss.
Zum Glück besteht das Premierenpublikum
selber nur aus Laienspielern.

Formloses ist nicht in Form zu bringen, sondern
für Formlosigkeit selbst eine Form zu finden.

Das starke Geschlecht liebt lustiges Nachspiel
nur noch beim Fußballspiel, nicht mehr beim
Schau(lust)spiel, spotten die Klageweiber.

Neugier verhält sich zu alter Gier auf Antikes
wie Neureich zu Kaiserreich und altem Raub-
geld. Das sind Alt- und Neuarme geistreicher.

Ist der Ewige gestorben als Mensch und ewig `
auferstanden, oder hat Christus als der Ewige
gelebt und ist als Jesus gestorben?

Norddeutsche Tiefebene macht und redet
die sichtversperrenden Alpen platt.
Da ist man auch oben flachsinnigerweise platt.

„Real Life" gilt als *echt* original authentisches
Dasein und ist doch nur noch Simulation von
virtuellen Sozialimitaten aus dritter Hand.
Man äfft das Netz oder TV nach,
welches das *irre-al life* nachäfft.

Windsbraut in der Knochenmühle?

Was macht Wind, wenn er nicht weht?
Da geht er eben nicht und steht
auf dem Schlauch
sich die Beine in den Bauch
wie ich auch.

Windbeuteleien vom *Windhund*
sind rund, sind Schund, sind bunt.
„Der Taugenichts" romantisiert
hat nur in Romanen amüsiert.

Die *Windfangtür* stoppt frischen Wind,
der seinen Weg mal zu dir find.
Nun haben die *Windjammer*
weniger Wind als Jammer.
Stehst du schon in Eisesqual
im wirtschaftlichen *Windkanal*?

Nach schönen Kindlocken
kommen die *Windpocken*.

Es gibt nicht mehr die Kindfeier,
man legt ja nur noch Windeier.
Lang nach deinem Stimmbruch
ward deutsche Eiche *Windbruch*.
Wind pfeift aus dem letzten Loch,
der Wind pfeift doch und noch
auf das *Schwarze Himmelsloch*.

In Windeseile
wächst heut Langeweile,
Windsbraut : windige Sach
vom luftbewegten Fach.
Es klappert die Klapsmühle wach
am (be)rauschenden Bach ...

Trottes Mühlen mahlen schneller,
auch das Mehl wird intellektueller?
Ein Mühlrad geht im Kopf herum,
"Mühle" ist ein Brettspiel,
"Wühle!" ist ein Bettspiel.

Zum *Windrad* ward die Mühle,
es droht ein Windesradg'wühle.
Ein armer *Mühlenscheider*
ist arger Hungerleider.

Besitzer ist der Müller,
der ist hier der Brüller.
Er kommt und mahlt zuerst,
weh dir, wenn du's verwehrst
und ihn nicht kriechend ehrst.
Wann geht und fliegt der windige Schuft
in die windbewegte Luft?

Winde werfen stille Schatten,
in denen wir es ruhig hatten:
In diesem Schatten der Macht
wird auch mal mehr gelacht
und nicht nur Mehl gemacht.

Proleten kennen Knochenmühlen,
wenn sie sich durch Wochen wühlen.
Max und Moritz ricke racke
mahlt die Mühle mit Geknacke.

Nicht selbermahlen ist des Müllers Lust,
das macht ihm nur den Herrenfrust,
Mahlen ist des Knechts Verlust.
Mühlen gibt's für Kaffe und Knochen,
was hat der Sklave nur verbrochen
als Teufelsbraten bald gerochen?

Die Winde heißen Vapeurs,
das weiß schon jedes Gör,
sie wehen aus dem Arsch
und düsen dich in Marsch.

Man nimmt ihn aus den Segeln
sich heute schon beim V ...
Nach Wind hängt jede Hantel
auch schon ihren Mantel,
fettfitter Grantel!

Schneid dir eine Windschutzscheibe
ab vom großen Kuchen : Schreibe!
Du sollst malen
statt nur mahlen.

Wer Wind sät, erntet Sturm,
krähet auch der Bücherwurm
und schlägt dann in den Wind,
was nicht selber Bücher sind.
Der Wind weht, wo er will.
Der Geist steht, wo ich will?

Don Quichote erlegt das Windrad,
er hat diese Sünd' satt.
Das tut nun vielen weh :
Ein Ritter für das AKW?

Krieg endlich Wind vom Wind,
winde dich raus aus dem Wind
von vorn, schreib dich in den Wind
und lass ihn dir um die Nase wehen
beim Gehen, und Sklave, verschwinde
in alle Winde!

Gesamtausgabe

Das publizierte Gesamtwerk entfaltet sich unter dem *monotheistisch* „Heiligen" im traditionellen Dreischritt von *Logik* (Wahres), *Physik* (Naturschönes) und *Ethik* (moralistisch Gutes) zwischen Literatur und Philosophie.

1. Theologisch *Heiliges* :
„Der Ewige und Sein Urprojekt − *Religionsphilosophisch-metapolitische Reflexionen*"

2. Logisch *Wahres*
   (´Dritte Welt´ der Gedanken) :
„Sind Physik, Musik und Mystik die Ethik der mathematischen Logik?"

3. Ästhetisch *Schönes* (Physisches) :
„Zur Dialektik und Phänomenologie der Natur- und Kulturidyllen"

Logik *(Ideelles)* und Ästhetik *(Physisches)* fallen unter **Idyllen**, die gemeinsam dem *Psychischen* der moralistischen **Satiren** kontrastieren.

Diese satirische Moralistik entfaltet sich ihrerseits als psychologische Ethik in sieben Sorten von literarisch-philosophischen „Sprachspielen" :

1. **Philosophie** (Zwei Bände) :

„Objektivität durch Subjektivität
oder umgekehrt?" *(Erkenntnistheorie)*

„Gedankenlesen : Hirnforschung
ohne Computertomographen −
*Philosophie zwischen Wissenschaft,
Kunst und Religion*"

2. **Tiefenpsychologie**
der Philosophiegeschichte (Drei Bände) :

„Die Liebhaber der Sophie − *Philosophiegeschichte in Philosophengeschichten*"

„Wenn die Seele auf den Geist geht −
Chronik der unbewussten Weltbilder"

„Martin Heidegger − Versuch
einer Psychoanalyse seines *Seyn*s"

3. **Proletarismus** (Ein Band) :

„Mann und Frau machen sich frei −
voreinander und voneinander :
Geschlechterkrieg oder Klassenkampf?"

4. Fünf **gesellschafts- und kulturkritische Essaybände** :

„Künste und Wissenschaften
als verlorene Paradiese"

„Ist *philosophical correctness* eine
Kommunikationswissenschaft?"

„Esprit und Geisteswissenschaften"

„Originell sein : Vergessenes plagiieren"

„Wer sich selber kennt, wird nichts mehr"

5. Satirische **Moralistik** (ein Band Sekundär-
literatur, sechs Bände Primärliteratur) :

„Aphorismus – Philosophischer Gehalt
in literarischer Gestalt"

„Mit einem Satz ins Freie"

„Quanten, Quarks und Strings im Kopf"

„Aphorismen zur Zeitaltersweisheit"

„Zwergrätsel, Satiren und Zwickmühlen"
(1. Auswahl aus mehreren separaten
Aphorismenbänden)

„Aphorismen, Bonmots und Reflexionen"
(2. Auswahl aus mehreren separaten
Aphorismenbänden)

„Philosophische Formelsammlung"

6. Fragmente (Zwei Bände Reflexionen) :

„Aufzeichnungen
aus dem Schwarzen Loch"

„Aufzeichnungen aus dem Mauseloch"

7. Literatur (Ein Band Lyrisches
und drei Bände Erzählerisches) :

„An sein Innerstes erinnert sich keiner −
Nicht ganz dichte Gedichte"

„Nur in der Fremde fühle ich Fernweh −
Idyllischer Roman"

„Wer fällt, gefällt − Aus dem schönen
Leben des Gebrauchsdenkers Ingo K."

„Angeln beruhigt −
weder Fische noch Würmer"

Das ganze Werk deckt *sieben* Kulturfelder in *27 Bänden* ab :

1. Monotheismus
   1 Band (onto-theologisch *Heiliges*)
2. Idyllen :
   1 Band Logik (Wahres)
   1 Band Natur (Schönes)

3. Leib (Arbeit / Liebe)
   1 Band Physisches
4. Seele (bw / ubw)
   3 Bände Psychisches
5. Geist (Philosophie)
   2 Bände Ideelles

6. Witz/Urteilskraft
   14 Bände Moralistik :
     5 Bände Essays
     2 Bände Fragmente
     7 Bände Aphorismen(auswahl)

7. Literatur (sinnlicher Sinn) :
   1 Band Lyrik
   3 Bände Epik

ANHANG
Große Aphoristiker sind im Bilde

114

Sekundärliteratur zum Aphorismus

Gerhard Neumann (Hg.): „Der Aphorismus.
Zur Geschichte, zu den Formen und Möglichkeiten
einer literarischen Gattung", Darmstadt 1976

„Ideenparadiese. Untersuchungen zur Aphoristik
von Lichtenberg, Novalis, Friedrich Schlegel und
Goethe", München 1976

Peter Krupka: „Der polnische Aphorismus",
München 1976

Hans Peter Balmer; „Philosophie der menschlichen
Dinge. Die europäische Moralistik", Bern 1981

Harald Fricke: „Aphorismus", Stuttgart 1984

Gisela Febel: „Aphoristik in Deutschland und
Frankreich", Frankfurt/Main 1985

Klaus von Welser: "Die Sprache des Aphorismus",
Frankfurt/M. 1986

Heinz Krüger: „Über den Aphorismus
als philosophische Form", Frankfurt/M. 1988

Werner Helmich: „Der moderne französische
Aphorismus", Tübingen 1991

Stefan Fedler: „Der Aphorismus. Begriffsspiel zwischen Philosophie und Poesie", Stuttgart 1992

Paul Geyer / Roland Hagenbüchle: „Das Paradox", Tübingen 1992, Würzburg 2002²

Thomas Stölzel: „Rohe und polierte Gedanken. Studien zur Wirkungsweise aphoristischer Texte", Freiburg 1998

Lada Lubimova: „Struktur und Funktion des Aphorismus : eine textlinguistische Studie", Bremen 1998

Robert Zimmer: „Die europäischen Moralisten", Hamburg 1999

Michael Esders: „Begriffs-Gesten. Philosophie als Kurze Prosa von Friedrich Schlegel bis Adorno", Frankfurt/Main 2000

Rüdiger Zymner: „Aphorismus", In: Kleine literarische Formen in Einzeldarstellungen, Stuttgart 2002

Friedemann Spicker: „Kurze Geschichte des deutschen Aphorismus", Tübingen 2007

„Die Welt ist voller Sprüche. Große Aphoristiker im Porträt", Bochum 2010

Andreas Egert: „Der Fall Aphorismus. Zur Genese und Aktualität einer Gattung", Dresden 2015

Philosophische Grundbibliothek

Chuang-tsi: „Das wahre Buch vom südlichen Blütenland"

L. Annaeus Seneca : „Briefe an Lucilius"

Michel de Montaigne : „Essais"

Imm. Kant : „Grundlegung zur Metaphysik der Sitten"

S. Maimon : „Versuch einer neuen Logik ... " (1794)

G. Fr. Hegel : „Phänomenologie des Geistes" / „Ästhetik"

Arthur Schopenhauer : „Aphorismen zur Lebensweisheit"

Friedrich Nietzsche : „Menschliches, Allzumenschliches"

Nicolai Hartmann : „Das Problem des geistigen Seins"

Hedwig Conrad-Martius : „Der Selbstaufbau der Natur"

Th. Adorno : „Minima moralia" / „Ästhetische Theorie"

Jean-Paul Sartre : „Der Idiot der Familie"

Hermann Schmitz : „Der unerschöpfliche Gegenstand" /
          „Der Weg der europäischen Philosophie"

I.M. Bochenski / A. Menne: „Grundriss der Logistik"

Hans Blumenberg : „Wirklichkeiten, in denen wir leben",
          „Die Vollzähligkeit der Sterne

Weiterführendes vom Autor

„Martin Heidegger –
Versuch einer Psychoanalyse seines *Seyns*", 1993

„Objektivität durch Subjektivität oder umgekehrt? –
*Phänomenologischer Entwurf
einer dekonstruierten Erkenntnistheorie",* 1999

„Künste und Wissenschaften als verlorene Paradiese –
Essays zur Bedeutung der Kultur-Idyllen", 2000

„Der Mensch ist, was er verg-isst /
Kosmostheorie oder Gemeinschaftspraxis", 2007

„Philosophische Formelsammlung :
*Ambivalente Gedankenexperimente und nachsokratische
Fragmente",* Verlag Königshausen & Neumann, 2012

„Die Liebhaber der Sophie –
Philosophiegeschichte in Philosophengeschichten", 2013

„Aphorismen zur Zeitaltersweisheit –
Kopfverdreher, Kopfzerbrecher", 2014

„Ist *Philosophical Correctness* eine Kommunikationswissenschaft? *Versuch über moderne Versuchungen*“,
2015

„Zur Dialektik und Phänomenologie
der Natur- und Kultur-Idyllen“, 2015

„Esprit und Geisteswissenschaften – *Wechselwirkungen
zwischen Kunst, Philosophie und Psychologie*“, 2016

„Mit einem Satz ins Freie – *Reflexionen, Urteile
und Sentenzen*“, 2. überarbeitete Auflage, 2016

„Zwergrätsel, Satiren und Zwickmühlen –
Auswahl von Aphorismen“, 2017

„Wenn die Seele auf den Geist geht –
Chronik der unbewussten Weltbilder“, 2018

„Aphorismen, Bonmots und Reflexionen –
Neue Auswahl aus mehreren Bänden, 2019

„Originell sein heißt, Vergessenes plagiieren –
Philosophische Essays“, 2019

„Angeln beruhigt – weder Fische noch Würmer“, 2019